Alexis Roland Akouété LAWSON

Jusqu'à quel point les clercs peuvent-ils participer aux partis

Alexis Roland Akouété LAWSON

Jusqu'à quel point les clercs peuvent-ils participer aux partis politiques ou à la direction des associations syndicales? Une lecture du canon 287§2.

Éditions Croix du Salut

Imprint

Cover image: www.ingimage.com

Publisher:
Éditions Croix du Salut
is a trademark of
Dodo Books Indian Ocean Ltd., member of the OmniScriptum S.R.L Publishing group
str. A.Russo 15, of. 61, Chisinau-2068, Republic of Moldova Europe
Printed at: see last page
ISBN: 978-620-3-84255-5

« *Ils ne prendront pas une part active dans les partis politiques ni dans la direction des associations syndicales, ...* » can. 287 § 2 : Une exigence de la mission des clercs.

SIGLES ET ABRÉVIATIONS

I Cor.	*Première letter de Saint Paul Apôtre aux corinthiens*
2Tm.	*Seconde lettre de Saint Paul Apôtre à Timothée*
AA	Decr. *Apostolicam actuositatem*, 1965 nov. 18, in: *AAS*, an. 58 (1966), p. 837-864.
AAS	Sedes Apostolica, *Acta Apostolicae Sedis*
Adh.	Adhortatio
Adh. ap.	Adhortatio apostolica
AG	Decr.: *Ad gentes*, 1965 dec. 7, in: *AAS*, an. 58 (1966), p. 947-990.
All	Allocutio
All. Pont.	Allocutio pontificalis
Ap.	Apostolico/a
art.	Article
can.	Canon
cann.	Canons
cap.	Chapitre
Card.	Cardinal
Cat.	Catéchèse
CDS	*Compendium de la doctrine sociale de l'Église*
CCEO	*Codex Canonum Ecclesiarum Orientalium* auctoritate IOANNIS PAULI PAPA II promulgatus.
Cf.	Confert
Chap.	Chapitre.
CIC-1917	*Codex Iuris Canonici,* Pii X Pontificis Maximi iussu digestus, Benedicti Papae XV auctoritate promulgatus.
CIC	*Codex Iuris Canonici,* auctoritate Ioannis Pauli Papae II promulgatus
COD	*Conciliorum Oecumenicorum Decreta*
Const.	Constitutio
Const. ap.	Constitutio apostolica
Col.	Collectio / Collona
DC	*La Documentation catholique*
Decl.	*Declaratio /Déclaration*
Decr.	Decretum /Décret

Decr. Grat.	*Decretum Magistri Gratiani: concordia discordantium canonum*
Disc.	Discorso / Discours
Dir.	Sous la direction de
Doc.	Documento
Ed.	Editio/ édition
Enc.	Encyclica
EV	*Enchiridion Vaticanum*
Ep.	Epistola
Ep. Ap.	Epistola apostolica
Ep. Enc.	Epistola Encyclica
GS	Const. : *Gaudium et Spes*, 1965 dec. 7, in: *AAS*, an. 58 (1966), p. 1025-1115.
id.	idem
Ins.	Instrutio/ Instruction
Jn	*Evangile selon Saint Jean*
LG	Const.: *Lumen Gentium,* 1964 nov. 21, in: *AAS*, an. 57 (1965), p. 5-75.
Lib.	Liber
Litt. ap.	Litterae apostolicae
Lett. circ.	Lettera Circolare
Lett. past.	Lettera Pastorale/ Lettre pastorale
Litt. encycl.	Littera encyclica
Mess.	Message / Messagio
M. p.	Motu proprio
Not. Past.	Nota pastorale
PCCICR	PONTIFICAE COMMISSIONIS CODICIS IURIS CANONICI RECOGNOSCENDO
PP	Pape
PO	Décret *Presbyterorum Ordinis*
Post-Syn	Post-synodalis
Prop.	Propositio
OR.	*L'Osservatore Romano.*
Qu.	Questio
Res.	Resolutio
Sess.	Sessio

UT	Document *Utlimis temporalibus*
Tit.	Titoli/ titre
Tom.	Tomus, Tome
Vol.	Volume.

À mon Père,

Latévi Placide LAWSON-GODOMETO,

d'heureuse mémoire.

PREFACE

Il est généralement considéré comme permis de tirer une (humble) fierté des réalisations de ses étudiants ; qu'il me soit donc permis de dire combien je suis fier et heureux de voir ce fruit du travail de mon ancien étudiant, et actuel collègue, à la Faculté de droit canonique de l'Université Pontificale Antonianum, à Rome, le Père Alexis Roland Akouété Lawson, OFM.

Le sujet choisi, le can. 287 § 2, exige nécessairement la maîtrise de deux branches distinctes du droit canonique, branches qui se trouvent ici imbriquées : le droit public ecclésiastique, et les obligations et les droits des fidèles du Christ - plus précisément des membres du clergé. Le Père Lawson navigue habilement dans ce volume, qui est à la fois un bel ouvrage d'érudition canonique contemporaine et un guide éminemment pastoral, à travers une forêt de normes, de valeurs, de priorités, qui doivent être harmonisées chaque fois que se posent des questions, dans la pratique, sur la portée de l'interdiction et les justifications d'éventuelles dérogations ou dispenses à celle-ci.

Il y a d'excellentes raisons, et de très haut niveau, pour que l'Église interdise aux membres du clergé de jouer un rôle prépondérant dans les partis politiques et les syndicats - des organisations laïques tout à fait légitimes, voire nécessaires -. Toutefois, dans certaines circonstances, il peut y avoir des raisons impérieuses de faire des exceptions à cette règle générale. L'auteur les expose telles qu'elles se reflètent dans la législation canonique actuelle, et leur évolution à travers les contextes de développement ecclésial et humain. Heureusement, il le fait de façon synthétique, sans pour autant perdre l'exhaustivité de l'exposition. J'ai moi-même enseigné le cours de droit public ecclésiastique pendant plusieurs années, et si jamais je le reprends, j'ai hâte de l'inclure dans la bibliographie sélective proposée. L'espoir est que ceux qui tiendront des conférences sur les obligations et les droits des fidèles en feront le même.

Ici, en effet, nous voyons une démonstration de ce que le discours canonique, au mieux, animé par la doctrine, structuré par l'érudition, ancré dans la réalité, peut et doit contribuer à la vie et à la mission de l'Église du Christ.

Pr. David-Maria A. JAEGER, O.F.M.

INTRODUCTION

En 1965, le père Camilo TORRES écrivait ceci :

> « *Depuis que j'exerce mon ministère sacerdotal, j'ai fait en sorte, et par tous les moyens, que les laïcs, les catholiques ou les non catholiques se consacrent à la lutte révolutionnaire. Devant l'absence d'une réponse massive du peuple à l'action des laïcs, j'ai résolu de m'y consacrer moi-même, réalisant ainsi une partie de ma tâche qui est de conduire les hommes à Dieu par l'amour mutuel. En tant que Colombien, je considère cette activité essentielle pour ma vie chrétienne et sacerdotale. Mais c'est une tâche qui est contraire à la discipline de l'Église actuelle. Je ne veux pas manquer à cette discipline ni trahir ma conscience. C'est pourquoi j'ai demandé à son Eminence le Cardinal de me libérer de mes obligations cléricales pour que je puisse servir le peuple sur le terrain temporel. Je sacrifie l'un des droits que j'aime le plus profondément : celui de célébrer le culte extérieur de l'Église comme prêtre afin de créer les conditions qui rendront ce culte plus authentique* »[1].

Pour sa part, le Père jésuite Fernando Cardenal, alors ministre de la révolution sandiniste au Nicaragua, disait :

> « *Le travail que je fais n'est pour moi aucunement source de contradictions avec la formation religieuse que j'ai reçue au noviciat jésuite et jusqu'à maintenant. Je mène bien une tâche qui est en parfaite harmonie avec ma théologie, avec ma spiritualité, avec mon sacerdoce, avec ce qu'il y a de plus profond dans mes sentiments chrétiens et humains, avec ma conscience.... Je n'ai jamais rencontré de contradiction, la moindre incohérence ou le moindre conflit de conscience par rapport aux orientations prises depuis le début de ma formation jésuite. Je tiens à garder toujours vive mon appartenance à l'Église et au sacerdoce. Quoi qu'il arrive, je veux dire que je continuerai d'être prêtre* »[2].

Ces réflexions des Pères Torres et Cardenal, nous situent au cœur du drame et du dilemme de bien de prêtres et de douleurs ou d'incompréhensions de bien de gens : fidèles catholiques ou non. Même aujourd'hui, la douleur du Père Torres continue d'être celle de bien des prêtres qui, voyant certaines réalités de leur milieu social, auraient bien voulu s'investir en première personne dans le champ politique ou dans l'action syndicale, dirigeant des associations syndicales, mais ne le peuvent pas. Cet état de fait est aussi l'objet d'incompréhension de bien de fidèles qui auraient aimé voir leurs pasteurs, non seulement leur donner des directives politiques claires, mais aussi s'engager dans la politique, voire

---

[1] C. TORRES, *Écrits et parole*, trad. Française, Paris 1968, p. 223-224.

[2] T. CABESTRERO, *Des prêtres au gouvernement. L'expérience au Nicaragua*, Paris 1983, p. 18-20.

diriger des partis politiques ou des associations syndicales et même solliciter et avoir des mandats politiques. Mais les exigences de l'Église ne laissent pas de doute à ce sujet :

> « *In factionibus politicis atque in regendis consociationibus syndicalibus activam partem ne habeant, nisi iudicio competentis auctoritatis ecclesiasticae, Ecclesiae iura tuenda aut bonum commune promovendum id requirant* »[3].

Les clercs, les ministres de l'Église ne doivent pas être objet de division dans le peuple. Ce souci a amené l'Église, au regard de sa mission, à interdire aux clercs de faire la politique de manière directe ou de diriger des associations syndicales. Cette question de l'interdiction faite aux clercs de s'engager activement dans la politique a toujours posé problème ; car il n'est pas toujours facile de trouver l'équilibre entre son état de citoyen et ses exigences de clercs. N'est-ce pas une restriction de ses droits d'homme et de citoyen ? N'est-ce pas une manière de lui interdire de faire usage des prérogatives que lui concède l'article 21 de la *Déclaration universelle des droits de l'homme* qui sanctionne :

> « *1. Toute personne a le droit de prendre part à la direction des affaires publiques de son pays, soit directement, soit par l'intermédiaire de représentants librement choisis.*
>
> *2. Toute personne a droit à accéder, dans des conditions d'égalité, aux fonctions publiques de son pays* »[4].

De plus quand on parcourt l'actualité du monde et on écoute les gens, on entend bien des choses. Pour certains, le clerc est avant tout un citoyen, à part entière, qui a les mêmes droits civiques et les mêmes devoirs que les autres citoyens. Et ces droits sont généralement garantis par la plupart des législations constitutionnelles et internationales. Comme citoyen, il a le droit de participer directement aux affaires publiques, le droit d'avoir et d'exprimer ses opinions publiques, droit consacré par l'article 19 de la *Déclaration universelle des droits de l'homme*[5]. Pour d'autres, au nom de la laïcité de l'État, les clercs doivent rester à la sacristie, se limiter à annoncer les heures des Messes et ne pas s'immiscer dans le jeu politique de quelque manière que ce soit. En d'autres termes, on leur nie le droit, comme

---

[3] *CIC*, can. 287 *§2* : « *: Ils ne prendront pas une part active dans les partis politiques ni dans la direction des associations syndicales, à moins que, au jugement de l'autorité ecclésiastique compétente, la défense des droits de l'Église ou la promotion du bien commun ne le requièrent* ».

[4] ORGANISATION DES NATIONS UNIES: DEPARTEMENT DE L'INFORMATION, *Déclaration Universelle des Droits de l'Homme*, 1948 déc. 10, in : https://www.ohchr.org/en/udhr/documents/udhr_translations/frn.pdf, (12-12-2020).

[5] Cf. ORGANISATION DES NATIONS UNIES : DEPARTEMENT DE L'INFORMATION, *Déclaration Universelle des Droits de l'Homme,* 1948 déc. 10, DPI/876-40911- nov. 1988, art. 19 « *Tout individu a droit à la liberté d'opinion et d'expression, ce qui implique le droit de ne pas être inquiété pour ses opinions et celui de chercher, de recevoir et de répandre, sans considérations de frontières, les informations et les idées par quelque moyen d'expression que ce soit* ».

théologien ou philosophe, de participer au débat sur la gestion de la *polis* et d'intervenir comme citoyen dans le débat sociétal[6].

On me dira peut-être que la cause est entendue. Car sur cet argument, les écrits, les commentaires et les documents ne manquent pas. Je reprends cet argument afin de me pencher, comme canoniste sur une question qui souvent divise aussi bien les fidèles que les indifférents à la foi catholique. Je me suis senti interpellé par la situation qui prévaut actuellement dans mon pays, le Togo. Un Evêque émérite s'est engagé dans le jeu politique avec un soutien ostentatoire à un candidat, participant parfois à sa campagne électorale. Il justifie cet engagement, en évoquant son devoir de prophétisme et de défense des droits et de la dignité des personnes, surtout des plus pauvres. Cet état de fait a fait couler et continue de faire couler beaucoup d'encres et de salives.

Et les questions à ce propos sont nombreuses. Le clerc doit-il être apolitique ? Doit-il s'abstenir de la politique ? N'est-il pas lui aussi citoyen et comme tel n'a-t-il pas le droit de participer à la vie politique de sa cité, de décider comme les autres ? Y-a-t-il une contradiction entre le fait d'être ministre du Christ et d'être citoyen ? Ne peut-on pas assumer pleinement ensemble ces deux « *citoyennetés* ». Doit -il être politiquement neutre, comme le disent certains ? en d'autres termes : *Jusqu'à quel point les clercs peuvent-ils participer aux partis politiques ou à la direction des associations syndicales ?*

Il est vrai que la limitation des droits des clercs dans certains domaines peut être bien justifiée par des raisons de prudence et de convenance. Mais, il faut aussi reconnaître que certaines de ces interdictions les touchent dans leur statut civil et l'équilibre n'est pas toujours facile à trouver.

Il s'agirait pour nous dans les lignes qui vont suivre de voire jusqu'à quel point les clercs peuvent participer dans les partis politiques ou dans la direction des associations syndicales ? Pour ce faire, il nous faut avant toute chose définir l'identité du prêtre et relever les fondements de cette interdiction. Cela nous permettra après un parcours des sources et une analyse du canon 287 §2, de saisir la raison et la portée de cette interdiction énoncée par le canon 287§2 du *Code de Droit Canonique*.

---

[6] Cf. C. LAPORTE, *Le prêtre qui parle politique,* in: *https://www.lalibre.be/belgique/le-pretre-qui-parle-politique-51b8d5ade4b0de6db9c1fcd,* (15-12-2020).

I. Le pretre, et sa double appartenance

Le clerc est avant tout un homme qui fait partie d'une société donnée dans laquelle il vit et qui lui procure les moyens de bien vivre, défendant et protégeant ses droits. Cette appartenance civique lui vient de la naissance et de la nature d'être humain. Il a aussi une appartenance, cette fois-ci de nature religieuse qui lui vient d'un choix, d'une option de foi. Non seulement il est *christifidelis*, membre du peuple de Dieu, mais en plus, il a une vocation particulière qui lui vient d'un appel de Dieu, vocation qui a été confirmé par un discernement et de sa part et de la part de l'autorité ecclésiastique compétente. Par l'imposition des mains et la prière consécratoire prononcée par l'Évêque, son identité change. Un lien ontologique l'unit au Christ, prêtre suprême et bon Pasteur[7]. Il participe de ce fait au sacerdoce du Christ. Il devient dans l'Église et pour l'Église, « *repraesentatio sacramentalis Christi Capitis et Pastoris* »[8]. Dans l'exercice de ses fonctions ministérielles, au service du peuple qui lui est confié, il n'agit pas comme un fonctionnaire de l'Église, mais comme le Christ.

A) Le clerc citoyen et membre de la Cité

Selon Jean-Jacques rousseau, le citoyen est un homme éminemment politique. Il exprime non pas son intérêt individuel mais l'intérêt général. Il doit toujours poursuivre l'intérêt général qui dépasse la somme des volontés particulières. Et si l'intérêt particulier prend le dessus sur l'intérêt général, le citoyen «*jouirait des droits du citoyen sans vouloir remplir les devoirs du sujet : injustice dont le progrès causerait la ruine du corps politique* »[9].

Nous le soulevions tantôt, le prêtre est avant tout, membre de la Cité. Et cela implique qu'il fait partie d'un corps politique, d'un État, avec des droits et des devoirs politiques. Il appartient à la communauté civile au même titre que tous les autres membres. Comme tel, il partage avec eux, les mêmes droits et les mêmes devoirs, droits et devoirs qui lui viennent de sa nature de membre de la communauté. Et comme tous les autres citoyens, il doit être

---

[7] Cf. IOANNES PAULUS Pp II, Adh. ap. post- syn.: *Pastores dabo vobis,* 1992 mar. 25, n. 11, Romae, apud S. Petrum, de Sacerdotum formatione in aetatis nostrae rerum conditione, in: *AAS*, an. 84 (1992), p. 657-804.

[8] *Pastores dabo vobis*, 15.

[9] ROUSSEAU J.J., *Le contrat social*, in : *https://ebooks-bnr.com/ebooks/pdf4/rousseau_du_contrat_social.pdf* p. 23-24, (7-01-2021).

impliqué dans la construction de cette communauté[10]. Il a des devoirs envers la communauté dans laquelle seule, le libre et le plein développement de sa personnalité est possible[11]. Il jouit, entre autres, de tous les droits politiques[12] qui ont pour finalité l'organisation de la communauté, sa direction, ses choix. Il a donc le droit d'avoir et d'exprimer ses opinions publiques, droit consacré par l'article 19 de la déclaration universelle des droits de l'homme[13]. «*Quod autem hominibus ad reipublicae administrationem se conferre licet, id est certe suae dignitatis proprium*»[14]. C'est l'exercice de ces droits, garantis et étendus à tous les citoyens, qui permet une participation et une coresponsabilité communautaire[15]. Son appartenance à l'ordre presbytéral n'enlève rien à sa qualité de citoyen, signe de sa condition humaine. Comme citoyen, il est détenteur d'une partie de la souveraineté politique[16]. Il jouit de tous ses droits, qu'ils soient, politiques ou sociaux.

Et comme la citoyenneté est d'abord une assertion d'ordre politique, que la politique soit entendue en ses deux assertions

- soit en son sens plus large, de *Politikos*, avec le « *P* » majuscule ou grand « *P* » qui se dit en d'autres termes « *le Politique* », de civilité ou art de la recherche du bien de la communauté, art qui rend les citoyens meilleurs[17]. L'objet premier de la réflexion de la politique est alors le bien, que ce soit le bien de l'homme singulier ou le bien de la cité[18]. En ce sens, elle se réfère à l'action plus ample de la recherche du bien commun, au sens de culture politique. Elle précise les valeurs fondamentales de chaque communauté, en

---

[10] Cf. *GS* 12 ; 24-25.

[11] Cf. ORGANISATION DES NATIONS UNIES: DEPARTEMENT DE L'INFORMATION, *Déclaration universelle des droits de l'homme*, art. 29.

[12] Cf. ORGANISATION DES NATIONS UNIES: DEPARTEMENT DE L'INFORMATION, *Déclaration universelle droits de l'homme*, art. 21 : « *Toute personne a le droit de prendre part à la direction des affaires publiques de son pays, soit directement, soit par l'intermédiaire de représentants librement choisis.*

2. Toute personne a droit à accéder, dans des conditions d'égalité, aux fonctions publiques de son pays »

[13] Cf. ORGANISATION DES NATIONS UNIES: DEPARTEMENT DE L'INFORMATION, *DéclaratioN universelle des droits de l'homme*, art. 19 : « *Tout individu a droit à la liberté d'opinion et d'expression, ce qui implique le droit de ne pas être inquiété pour ses opinions et celui de chercher, de recevoir et de répandre, sans considérations de frontières, les informations et les idées par quelque moyen d'expression que ce soit* ».

[14] IOANNES PP XXIII, Litt. encycl. : *Pacem in terris*, 1963 apr. 11, n. 73, Romae, apud S. Petrum, de pace omnium gentium in veritate, iustitia, caritate, libertate constituenda, in : *AAS*, an. 55 (1963), p. 257-304. « Participer activement à la vie publique de la part des citoyens, est un droit inhérent à leur dignité de personnes » ;(la traduction est nôtre)

[15] Cf. IOANNES PP XXIII, *Pacem in terris*, n. 11 ; *GS* 31 et 75.

[16] Cf. D. SCHNAPPER, *Qu'est-ce que la citoyenneté*, Gallimard 2000, p.10.

[17] Cf. PLATONE, *Georgia,* 517, in: *Platone, tutti gli scritti,* a cura di G. REALE, Milano, 2001, p. 858-936.

[18] Cf. ARISTOTELE, *Eutica Eudemia*, lib. I 8, 1218, p. 135-321; *Grande Etica*, lib. 1, 1182b; 571-661; *Etica Nicomachea*, lib. I 1094a, p. 324-569, in: *Aristotele, Le tre Etiche*, a cura di A. FERMANI, vol. 2, Milano 2009.

conciliant l'égalité avec la liberté, l'autorité publique avec la légitime autonomie et la participation des personnes et des groupes, la souveraineté nationale avec la convivialité et la solidarité internationale. Il lui revient en plus de définir le caractère éthique des rapports sociaux. C'est le lieu d'un discours rationnel, dégagé des contingences, sur le sens et l'évolution du groupe social. Il qualifie un certain arrangement ordonné des données matérielles d'une collectivité et des éléments spirituels qui constituent sa culture. C'est l'expression de l'être du groupe[19].

- soit en son sens de *Politikè* ou d'art politique avec le « *p* » minuscule. En ce sens, elle est plus restreinte et se situe à un degré inférieur. Elle se réfère soit à la pratique du pouvoir, à la praxis des partis politiques, des syndicats, du gouvernement, des institutions ainsi qu'à leurs programmes d'actions et à la réalisation technique et pratique de ces programmes d'actions selon leurs valeurs, soit donc aux luttes de pouvoir et de représentativité entre des hommes et femmes de pouvoir et aux différents partis politiques auxquels ils peuvent appartenir, tout comme à la gestion de ce même pouvoir. Et ceci, en vue de satisfaire les besoins et les aspirations de la société civile dans la recherche du bien commun. C'est le lieu des combats, des conflits, des divisions des luttes pour la conquête du pouvoir spécialement dans le cadre de l'État[20].

De plus, l'assertion citoyenneté se déploie en trois dimensions :

- la dimension civile qui correspond aux libertés fondamentales (liberté d'expression, égalité devant la justice, droit de propriété ;

- celle politique qui se fonde sur la participation politique (le droit de vote, le droit d'éligibilité, le droit d'accéder à certaines fonctions publiques, le droit d'être protégé par cet État à l'étranger) ;

- celle sociale qui apparaît comme la résultante de la création de droits socio-économiques (droit à la santé, droit à la protection contre le chômage, droits syndicaux)[21]. De plus, elle est porteuse de certaines valeurs que sont la civilité, le civisme et la solidarité.

---

[19] Cf. C. DEBBASCH– J-M. PONTIER, *Introduction à la politique*, Précis Dalloz 2000, p. 3.

[20] Cf. C. DEBBASCH– J-M. PONTIER, *Introduction*, p. 3.

[21] Cf. D. SCHNAPPER, *Qu'est-ce que*, p. 10 et 28.

Il peut alors, en norme de principes, accéder comme les autres citoyens, aux pouvoirs publics de sa propre communauté[22], aux formations politiques et aux partis. Il peut s'associer et se réunir[23], participer au gouvernement de sa propre communauté comme un élu. En plus de ses droits, il a aussi tant de devoirs envers sa communauté, comme ceux de solidarité, de participation aux divers secteurs d'activité pour le développement de la communauté. Comme citoyen exemplaire, il doit contribuer au développement moral, spirituel et matériel de son pays, en respectant les lois et en donnant son apport[24].

Comme membre de la communauté politique, il est impliqué au même titre que tous les citoyens à sa construction[25]. C'est un droit et un devoir qui lui viennent de sa nature de membre de la communauté. Et il jouit de tous les droits politiques qui ont pour finalité l'organisation de la communauté, sa direction, ses choix. De plus, l'exercice, de ces droits, garanti et étendu à tous les citoyens permet une participation et une coresponsabilité communautaire.

Même si la jouissance des droits politiques est absolue pour le prêtre, dans le sens qu'il en est titulaire en raison de sa nature d'homme et de citoyen et ce, au même titre que les autres citoyens, le principe général admet toutefois des limitations de son exercice. Et ces limitations proviennent des raisons de convenance et ne peuvent être imposées que par l'autorité ecclésiastique. Ces convenances concernent l'exercice de ses droits et non leur existence[26]. Cela est lié à son identité.

---

[22] Cf. IOANNES PP XXIII, *Pacem in terris*, n. 28 ; *GS* 75 ; ORGANISATION DES NATIONS UNIES: DEPARTEMENT DE L'INFORMATION, *Déclaration Universelle des Droits de l'Homme*, art. 21.

[23] Cf. IOANNES PP XXIII, *Pacem in terris*, n. 9 ; ORGANISATION DES NATIONS UNIES: DEPARTEMENT DE L'INFORMATION, *Déclaration Universelle des Droits de l'Homme*, art. 20.

[24] Cf. SYNODUS EPISCOPORUM «a. 1971», Doc.: *Ultimis Temporibus*, 1971 nov. 30, n. 15-16, de sacerdotio ministeriali, in: *AAS*, an. 63 (1971), p. 898-922.

[25] Cf. *GS* 12; 24-25.

[26] Cf. G. CONCETTI, *Il presbitero e l'impegno politico*, in: *Il prete per gli uomini d'oggi,* a cura di G. CONCETTI, Roma 1975, p. 652.

B) Le prêtre, ministre du Christ au service de l'Église et de la communauté

« Sacramento ordinis ex divina institutione inter christifideles quidam, charactere indelebili quo signantur, constituuntur sacri ministri, qui nempe consecrantur et deputantur ut, pro suo quisque gradu, novo et peculiari titulo, Dei populum inserviant. »[27],

sanctionne le Législateur suprême dans le canon 1008 du *Code de droit canonique*. Ce canon nous permet de saisir l'identité du prêtre. Et une meilleure appréhension de son identité permettra sûrement de mieux saisir ~~et~~ la raison et la portée des dispositions du canon que nous analysons.

Comme nous le soulevions, il est vrai que le prêtre est membre de cité ; et comme tel, il doit jouir de tous les droits et être tenu de tous les devoirs liés à cette appartenance. Toutefois, il a une autre identité qui ne peut se saisir qu'en référence à l'Église et au Christ qui apparaît comme la clef de lecture et de compréhension de la réalité du sacerdoce que le Curé d'Ars définissait comme « *l'Amour du Cœur de Jésus* »[28].

Il est constitué ministre sacré, consacré et député pour servir le peuple Dieu. Son identité ne peut se saisir que dans cette dimension. L'agir et le style de vie du prêtre ne peuvent que découler naturellement de cette réalité. Sa véritable identité de prêtre ne se comprend que dans le mystère de sa consécration, de sa participation au sacerdoce unique du Christ, unique prêtre de la Nouvelle Alliance.

«Presbyter identitatis suae assequitur plenam veritatem in eo quod est deductio, participatio specifica et continuatio est Ipsius Christi novi aeternique Foederis summi et unici sacerdotis; presbyter imago viva et perspicua est Christi sacerdotis» [29].

Comme le disait le Pape Benoît XVI aux prélats de la Conférence Episcopale italienne réunis pour la 56e Assemblée générale, le mystère du sacerdoce réside dans l'identification du prêtre au Christ. Tout le parcourt de sa vie doit viser la configuration au Christ, que ce soit dans la réalité de l'existence et des comportements quotidiens, en raison

[27] *CIC*, can. 1008. « *Par le sacrement de l'Ordre, d'institution divine, certains fidèles, par le caractère indélébile dont ils sont marqués, sont constitués ministres sacrés ; ils sont ainsi consacrés et députés pour servir le peuple de Dieu, chacun selon son degré, à un titre nouveau et particulier*».

[28] *Catéchisme de l'Église catholique*, n. 1589, Paris, 1999 ; *Le Curé d'Ars, Sa pensée, Son cœur,* par l'Abbé Bernard NODET, Xavier Mappus-Foi Vivante 1966, p. 98.

[29] *Pastores dabo vobis* 12: « C'est dans le fait d'être une participation spécifique et une continuation du Christ lui-même, souverain et unique prêtre de la Nouvelle Alliance que prêtre trouve la pleine vérité de son identité: il est une image vivante et transparente du Christ prêtre» ; (la traduction est nôtre).

du don et du mystère reçu[30]. Et l'amour de Jésus doit demeurer l'âme et la raison de son ministère sacerdotal. Car il est le principe et la source d'unité de sa vie et de ses paroles[31].

Par la sainte ordination et la mission reçues des Évêques, les prêtres sont promus au service du Christ Docteur, Prêtre et Roi ; ils participent ainsi au ministère du christ, qui, de jour en jour, construit ici-bas l'Église pour qu'elle soit Peuple de Dieu, Corps du Christ, Temple du Saint-Esprit.[32], écrivait le Pape Paul VI dès l'introduction du décret conciliaire *Presbyterorum Ordinis* sur le ministère et la vie des prêtres. Participant ainsi au ministère du Christ pour le Salut des hommes, le prêtre Le rend présent comme tête dans la communauté où il exerce son ministère. L'ordination reçue par l'imposition des mains et la prière consécratoire le marquent d'un caractère spécial, le configurent au Christ et le rendent capable d'agir en son -*in persona Christi capitis*- au sein de la communauté[33]. Et la communauté ecclésiale a besoin du sacerdoce ministériel pour que le Christ, Prêtre et Pasteur, puisse en être la tête et demeurer en son milieu[34]. Et cette identité du prêtre, sa dignité originale, sa vocation et sa mission au sein du peuple de Dieu et dans le monde ne peuvent mieux s'accueillir que dans l'ecclésiologie de communion. C'est pourquoi la référence à l'Église est nécessaire, même si elle n'est pas première dans la définition de l'identité du prêtre. Car, en tant que mystère, l'Église est essentiellement relative à Jésus Christ. En effet, elle est, de lui, la plénitude, le corps et l'épouse. Elle est le « signe », le « mémorial » vivant de sa présence permanente et de son action parmi nous et pour nous[35].

Par son ordination il fait partie d du second grade de l'Ordre sacerdotal et devient par ce fait, coopérateur de l'ordre épiscopal[36], dans l'accomplissement de la mission apostolique

---

[30] Cf. BENEDICTUS PP XVI, Disc.: *Sono davvero*, 2006 mag. 18, ai Presuli della Conferenza Episcopale italiana, riuniti per la 56e Assembléa génerale, in: *Insegnamenti di Benedetto XVI*, Vol. II, 1 (2006), Libreria editrice vaticana 2007, p. 619.

[31] Cf. BENEDICTUS PP XVI, Disc, *Ci siamo*, 2012 gui. 2, (celebrazione dell'ora media con clero, seminaristi e consacrati nel Duomo di Milano), in: *Insegnamenti di Benedetto XVI*, Vol. III, 1 (2012), Libreria editrice vaticana 2013, p. 673.

[32] *PO* 1. «*Presbyteri enim, sacra Ordinatione atque missione, quam ab Episcopis recipiunt, promoventur ad inserviendum Christo Magistro, Sacerdoti et Regi, cuius participant ministerium, quo Ecclesia in Populum Dei, Corpus Christi et Templum Spiritus Sancti, hic in terris, indesinenter aedificatur*».

[33] Cf. *LG* 10.

[34] Cf. CONGREGATIO PRO CLERICIS, Lett. circ.: *Il presbitero: maestro della parola, ministro dei sacramenti e guida della comunità in vista del terzo millenio cristiano*, 1999 mar. 19, n. 2, in: *EV*, vol. 18 (1999), Bologna, 2002, n. 289-375.

[35] Cf. *Pastores dabo vobis*, 12.

[36] Cf. *Pontificale Romano riformato alla norma dei decreti del Concilio ecumenico Vaticano II promulgato da Papa Paolo VI riveduto da Giovanni paolo II*, «Ordinazione *del vescovo dei presbiteri e dei diaconi*», Città del Vaticano 1992, p. 100.

confiée par le Christ[37], tête et pasteur, à l'Église. En communion avec l'Evêque, il continue la mission du Christ, qui doit être en permanence sa référence et son exemple. La mission confiée aux Apôtres est d'être des continuateurs de cette mission de Salut[38] qui est aussi celle de l'Église.

Son ministère est pour la communauté. Il est au service de la communauté où il a un rôle central. « *In persona Christi capitis, enseigne, sanctifie et gouverne la communauté* »[39]. Par son exemple de vie, il doit guider tout homme à une conduite de vie intègre[40]. Pour le Pape François, il doit, en communion fidèle avec son Evêque, mettre toutes ses forces à unir les fidèles en une unique famille. Il doit être ministre de l'unité dans l'Église et dans la famille afin de conduire tout le monde à Dieu le Père par l'amour du Christ[41]. De par son ministère, il est appelé à être au service de tous et à promouvoir l'unité des membres de sa communauté entre eux mais surtout avec le Christ qui en est la tête. Il est donc source d'unité, et cette image doit être perçue à l'intérieur et manifestée à l'extérieur. Il apparaît alors comme *« homme de la communion, il doit être, à l'égard de tous les hommes, homme de la mission et du dialogue* »[42]. Il n'est donc pas ordonné pour son bien personnel ou particulier, mais pour le service du peuple de Dieu qui a besoin des pasteurs qui se dédient au service de la sanctification des fidèles, disait le même Pape Benoît XVI dans une adresse à la communauté du Collège Pontifical de Rome[43]. Au sein du peuple de Dieu, de par son ordination, il a une mission spécifique comme le rappel le Concile Vatican II qui souligne qu'ils sont consacrés pour prêcher l'Évangile et pour être les pasteurs des fidèles et célébrer le culte divin en vrais prêtres du Nouveau Testament. Ils participent ainsi à leur niveau de ministère, à la charge de l'unique Médiateur qui est le Christ (*1 Tm* 2, 5), ils annoncent à tous la Parole de Dieu. Leur charge sacrée s'exerce excellemment dans le culte ou synaxe eucharistique[44].

---

[37] Cf. *Pastores dabo vobis,* 12.

[38] Cf. R. COSTE, *La responsabilité politique de l'Église*, Paris 1973., p. 228.

[39] BENEDICTUS PP XVI, Disc.: *Je suis heureux*, Ai vescovi della regione ecclesiastica du Québec (Canada) in visita ad limina, 2006 mai 11, in: *Insegnamenti di Benedetto XVI*, Vol. II, 1 (2006), Libreria editrice vaticana 2007, pp. 573-574.

[40] Cf. *Pontificale Romano*, p. 99.

[41] Cf. FRANCISCUS PP, Omelia, *Questi nostri*, (Santa Messa con ordinazioni presbiterali), 2015 apr. 26, in: *Insegnamenti di Francesco*, vol. III, 1 (2015), Libreria editrice vaticana 2020, p. 547.

[42] *Pastores dabo vobis*, n. 18. *«communionis promotor sit, id conari debet ut, inter alios, ipse potissimum missionis et dialogi sit fautor»*

[43] Cf. BENEDICTUS PP XVI, Disc.: *Es para*, 2012 mag. 10, alla comunità del Pontificio colegio español; in: *Insegnameti di Benedetto XVI*, Vol. III,1 (2012), Libreria editrice vaticana 2013, p. 560.

[44] Cf. *LG* 28: *«...ad Evangelium praedicandum fidelesque pascendos et ad divinum cultum celebrandum consecrantur, ut veri sacerdotes Novi Testamenti. Muneris unici Mediatoris Christi (cf. 1 Tim. 2, 5) participes*

L'évangélisation, la direction et l'organisation de la vie sacramentelle de la communauté, tel est le rôle du prêtre. Il célèbre in *Persona Christi* et administre les sacrements. Il est le serviteur de l'Evangile, témoin de la « *Bonne Nouvelle* » du don de Dieu proposé aux hommes.

> *«En bâtissant la communauté chrétienne, les prêtres ne sont jamais au service d'une idéologie ou d'une faction humaines : hérauts de l'Évangile et pasteurs de l'Église, c'est à la croissance spirituelle du Corps du Christ qu'ils consacrent leurs forces.»*[45].

Dans l'Église et pour l'Église, le prêtre représente sacramentellement Jésus-Christ, Tête et Pasteur. Il en proclame authentiquement la Parole, il répète ses gestes de pardon et d'offre du salut, surtout par le Baptême, la Pénitence et l'Eucharistie. Il exerce sa sollicitude pleine d'amour, jusqu'au don total de lui-même, pour le troupeau qu'il rassemble dans l'unité et conduit au Père par le Christ dans l'Esprit[46].

Sa première mission est de rendre gloire à Dieu le Père dans le Christ. Voilà la fin qu'il doit donc poursuivre dans son ministère et toute sa vie. Toute sa vie, ses œuvres, ministères et actes doivent contribuer non seulement à faire croître la gloire de Dieu, mais aussi à faire avancer les hommes dans la vie divine. Tout cela découle de la Pâque du Christ et s'achèvera au le retour glorieux du Seigneur, quand il remettra le Royaume à Dieu le Père [47]. Le Pape François, dans une de ses homélies lors des ordinations presbytérales, rappellera que le prêtre est choisi parmi les hommes et constitué en leur faveur pour atteindre les choses du Christ. Voilà pourquoi il doit exercer l'œuvre sacerdotale du Christ en cherchant de plaire seulement à Dieu et non à lui-même. «*È bruto un sacerdote che vive per piacere a sé stesso e fa il pavone*»[48] affirmera-t-il.

Cette vocation, le met au service de l'Homme et de la vie. Il est surtout au service et en dialogue avec chaque homme pour animer et édifier ensemble la cité terrestre à la lumière

---

in suo gradu ministerii, omnibus verbum divinum annuntiant. Suum vero munus sacrum maxime exercent in eucharistico cultu vel synaxi».

[45] Cf. *PO* 6. «*In exstruenda vero christianorum communitate, Presbyteri numquam alicui ideologiae vel factioni humanae inserviunt, sed, ut Evangelii Praecones et Ecclesiae Pastores, ad Corporis Christi spirituale incrementum consequendum operam impendunt*».

[46] Cf. *Pastores dabo vobis*, 15.

[47] *PO* 2. «*ad gloriam Dei augendam tum ad homines in vita divina provehendos. Quae omnia, dum ex Paschate Christi manant, in glorioso Eiusdem Domini adventu consummabuntur, cum Ipse tradiderit Regnum Deo et Patri*».

[48] FRANCISCUS PP, Omelia, *il passo*, (concelebrazione eucaristica in Piazza Plebiscita), 2015 mar. 20, in: *Insegnamenti di Francesco*, vol. III, 1 (2015), Libreria editrice vaticana 2020, p. 374.

et avec la force de l'Evangile[49]. Appelé à servir la liberté des hommes dans leur recherche et découverte du Christ, Il n'est pas un propagateur d'une idéologie aussi bonne soit elle[50]. Il ne lui revient pas de donner des directives[51] en matière morale ou en politique, même s'il est parfois amené à y apporter la lumière de l'Evangile et de la Doctrine Sociale de l'Église. Il lui revient non seulement d'aider les gens dans leurs expériences, pour que ces expériences deviennent ecclésiales, mais aussi de témoigner de l'absolu de Dieu. Il n'est pas d'abord un acteur social, même s'il y est parfois appelé en tant que bâtisseur d'humanité.

Partageant la responsabilité pastorale de l'Évêque et de toute l'Église, sa compétence propre se situe dans la compétence même de l'Église qui consiste en la recherche du sens dernier de la vie humaine et des exigences qui découlent d'une charité authentique au cœur de la vie collective[52]. Cette compétence n'est pas politique. Sa compétence dans le domaine politique ne peut qu'être pastorale. Il doit, comme l'Église, être solidaire des espoirs, des échecs, de la soif de justice et du désir de liberté et de responsabilité des hommes. Il lui revient donc d'aider les hommes à découvrir et à poursuivre, même à travers la politique et la nécessité de bâtir un monde juste, le sens dernier de l'Homme, sa fin ultime[53]. Car La mission spécifique du prêtre, celle que le Christ a confié à l'Église, n'est pas d'ordre politique, ni économique, ni sociale, mais religieuse (cf. GS 42). Toutefois, dans le cadre de son ministère, il peut apporter une grande contribution à l'instauration d'un ordre séculier plus juste, spécialement en ces lieux où les problèmes humains de l'injustice e de l'oppression sont plus graves[54].

Par lui, les hommes doivent découvrir que la fin ultime de la politique est l'Homme, qui ne peut jamais être un moyen. Il lui revient de donner aux hommes le courage évangélique de bâtir un monde plus juste et plus fraternel, de faire du champ politique non pas un lieu de bataille, mais un lieu de complémentarité, où chacun apporte sa pierre pour l'édification d'une cité terrestre plus juste et vit la politique ou l'exercice du pouvoir comme un service. Dans cette mission de formation des consciences, le prêtre doit rester au niveau

---

[49] Cf. C. CIATTINI, *Presbitero e dottrina sociale della Chiesa*, Città del Vaticano 2006, p.100.

[50] Cf. *PO 6.*

[51] Cf. R. COSTE, *La responsabilité,* p. 227.

[52] Cf. *Église, prêtre et politique*, in: MISSION DE FRANCE, *Lettre aux communautés,* 21 (mai-juin 1970), p. 50.

[53] Cf. R. COSTE, *La responsabilité,* p. 233, 236.

[54] Cf. *UT* 7. « *Missio propria sacerdotis, sicut et Ecclesiae, quam Christus ei concreditit, non est ordinis politici, oeconomici vel socialis, sed religiosi (cf. Gs 42), attemen secundum rationem sui ministerii multum confere potest ad ordinem saecularem magis iustum instaurandum, ibi praesertim, ubi humana problemata iniustitiae et oppressionis graviora sunt* »

du principe et donc observer la discrétion et la réserve nécessaires sur ses préférences politiques[55].

Le sacerdoce ministériel est un service, une diaconie, un ministère. Il confère à celui qui l'a reçu un pouvoir sacré pour former et conduire le peuple sacerdotal, pour faire, dans le rôle du Christ, le sacrifice eucharistique et l'offrir à Dieu au nom du peuple tout entier[56]. Il a essentiellement une dimension de service car cette charge, appelée expressément dans la Sainte Écriture « diakonia » ou ministère, confiée par le Seigneur aux pasteurs de son peuple, est un véritable service [57].

Le prêtre représente le Christ pour la communauté sans pour autant Le remplacer, ni Lui succéder. Il est comme le *sacramentum de Sa présence.* Ses agissements et son être de prêtre sont ontologiquement liés[58]. Il ne peut séparer ses agissements de son être. Il doit en tout être prêtre. Il «*è sacerdote all'altare e al confessionale come a scuola, per strada e dovunque*»[59]. Son ministère doit illuminer, réconcilier et faire toute chose nouvelle.

Tout en étant au service de l'Évangile et étant ordonné pour l'Église universelle[60], le prêtre reste un homme et exerce son ministère dans une communauté concrète d'hommes. Ceci lui permet de mieux connaître les hommes et leurs problèmes. Il peut alors partager avec eux les angoisses et les souffrances, les joies et les espoirs, les aider à progresser dans la foi[61]. Il ne doit pas perdre de vue qu'il est aussi appelé à tenir compte des exigences liées à un autre aspect de son ministère, à savoir la vie de la communauté qui lui est confiée à laquelle il manifestera une sollicitude à l'enseigne de la charité[62].

---

[55] Cf. CONFERENCE EPISCOPALE CENTRAFRICAINE, Lett. past.: *N'ayons pas peur, soyons chrétiens dans notre vote*, Message au peuple centrafricain, p. 894, in: *DC*, n. 2190 (18 oct. 1998), p. 892-894.

[56] *LG* 10.

[57] *LG* 24. Cf. « *Munus autem illud quod Dominus pastoribus populi sui commisit, verum est servitium quod in sacris Litteris diaconiae seu ministerium significanter nuncupantur* ».

[58] Cf. *Pastores dabo vobis,* n. 25.

[59] CONGREGATIO PRO CLERICIS, Instr.: *Il presbitero, pastore e guida della comunità parrocchiale,* 2002 ag. 4, n. 11, in: *EV*, vol. 21 (2002), Bologna 2005, n. 767-869. Il est prêtre au confessinal, comme à l'école, dans la rue et partout ; (la traduction est nôtre).

[60] Cf. *PO* 2, 4 et 10; *UT* n. 18-19.

[61] Cf. *PO* 7; *U T* 18-19.

[62] CONGREGATIO PRO CLERICIS, *Direttorio per il ministero e la vita dei presbiteri,* 2013 feb. 11, n. 77, in: *EV*, 29 (2013), n. 103-259.

II. Les fondements de cette interdiction

Le canon 287 § 2 que nous analysons apparaît comme une nouveauté dans le Code de droit canonique de 1983. On ne le trouve pas en tant que tel dans le Code Pio -bénédictin. Toutefois, une rétrospective nous fait découvrir que cette interdiction existait bien avant même le code Pio-bénédictin et fait partie de la tradition de l'Église. Et même si elle n'apparaît pas comme telle dans le Code Pio -bénédictin, une lecture attentive de ce Code, et des interventions ante et post codiciales nous permet d'en déceler des traces.

Il sied de signaler que l'Église a toujours été préoccupée par le souci de modération et d'un certain retrait à tout le moins, des clercs en ce qui concerne la participation à la chose publique par voie d'autorité, a toujours constitué une préoccupation ancienne de la hiérarchie même si les exemples contraires furent nombreux. Il y a eu des cas où des prêtres se sont, avec l'autorisation de la hiérarchie, engagés dans la politique. Toutefois, il faut, avant toute chose reconnaître qu'initialement, c'était la loi civile qui exemptait les clercs et les religieux – qui ne doivent aspirer à aucune charge de sénateur ou d'honneur- de certaines charges[63]. La loi ecclésiastique n'a commencé à les en écarter que quand ont commencé les bénéfices liés aux offices.

A) Un parcours de l'interdiction

Déjà, dès le 3e siècle, Saint Cyprien de Carthage, dans une lettre au clergé et aux fidèles de Furnes, s'insérant dans la tradition apostolique, interdisait aux clercs de se meller des questions séculières. On voit bien qu'il voulait pour sa part, assurer la discipline ecclésiastique conciliare[64] qui interdisait aux clercs d'aussumer toute fonctions civiles. Il écrivait:

> «*Graviter commoti sumus ego et collegae mei qui praesentes aderant.... Cum congovissemus quod Geminius Victor frater noster de saeculo excendes Geminium Faustinum presbyterum*

[63] Cf. «*Ne curialis ad senatoriam dignitatem vel ad aliquem honorem adspiret*» in: lib. 14, tit. 2, in: *Theodosiani libri XVI cum Constitutionibus Sirmondianis et leges novellae ad Theodosianum pertinentes*, ed. T. Mommsen - P.M. Meyer, vol. 2, Berolini 1905, p. 35.

[64] Cf. C.E. Freppel, *Saint Cyprien et l'Église d'Afrique au 3e siècle,* (cours d'éloquence sacrée fait à la Sorbonne pendant l'année 1863-1864), Paris 1890, p.125-126 : « *Pour emêcher que le clergé ne fût impliqué dans les choses temporelles, un concile d'évêques réuni à Carthage avait interdit à tout clerc, à tou ministre de Dieu d'accepter aucune tutelle ou curatelle*».

tutorem testamento suo nomnaverit, cum jam pridem in concilio episcoporum statum sit ne quis de clericis et Dei minisgri tutorem vel curatorem testamento suo costituat»[65].

Saint Cyprien se fondait sur la sainte Ecriture pour ettayer son interdiction. Car pour lui, une fois consacré Une fois consacré au sacerdoce et engagés dans le ministère clérical, les clercs doivent servir exclusivement l'autel et les sacrifices et êtres libres des occupations pour la prière des prières. Selon les paroles de l'Apôtre: «*Nemo militans Deo obligat se molestiis saecularibus* (2 Tim 2, 4) »[66]. Le prêtre doit donc se consacrer exclusivement au service de l'autel et veiller à tout instant à remplir les oblgations liées à son état clérical. Il ne doit pas se laisser distraire par les choses du monde. Et l'Église primitive prenait toutes les dispostions pour éviter cela. Et dès cette époque, il y avait une sanction à l'encontre des contrevenants à cette disposition. Nonseulement à leur mort, on ne disait pas de Messe de suffrage à leur intention, mais en plus leurs noms ne pouvaient pas être mentionnés parmis les prêtres[67].

Avec l'Edit de Milan, se préoccupant des matière religieuse, Constantin a aussi exempté le clergé catholique des« *munera civilia*», i.e., toute sorte d'obligation imposée par la loi aux citoyens[68]. Constantin voulait que les clercs se consacrent entièrement à leur fonction ecclésiastique et ne soient pas distraits par les preoccupations temporelles, comme il l'expliquait dans une lettre à Anulino, lettre dont Eusèbe de Cesaré a laisse une trace: «*Ab omnibus omnino publicis functionibus immunes volumus conservari, ne errore aliquo aut casu sacrilego a cultu summae divinitati debito abstrahantur* »[69]. Il voulait, en d'autres termes, protéger l'état clérical à cause du caractère emminament religieux de ses fonctions ecclésiastiques qui diffèrent de celles civiles. Ce, d'autant plus que les fonctions ecclesiastiques étaient considérée comme nécessaire à l'État. Les clercs en effet, témoignent

---

[65] S. THASCII CAECILII CYPRIANI, *Epistola 66*, in: *Patrologiae cursus completus: series latina*, ed. J.-P. MIGNE, tome IV, Parisiis 1891, p. 397-399. Mes Collègues et moi-même avions été garavement perturbés quand nous avions appris que notre frère Gemino Victor, partant de ce monde, a nommé l'ainé Gemino Faustino tuteur de son testament, ayant déjà été établi dans un concile des Evêques qu'aucun, parmi le clergé et les ministres de Dieu, ne devait nommer un gardien ou un conservateur de son testament; (la traduction est nôtre).

[66] S. THASCII CAECILII CYPRIANI, *Epistola 66*, PL IV, 398: «*Quando singuli divino sacerdotio honorati et in clericoo ministerio constituti non nisi altari et sacrificiis deservire et preccibus atque orationibus vacara debeant. Scriptum est enim: "Nemo militans Deo obligat se molestiis saecularibus».*

[67] Cf. A. D'ALES, *la théologie de Saint Cyprien*, G. Beauchesne, 1922, p. 303.

[68] Cf. V. MONACHINO, *Il christianesimo da constantino a Teodosio*, Roma 1983, p. 109.

[69] EUSEBIUS PANPHILI (EUSÈBE DE CESARÉE), *Historia Ecclesiastica* 10, in: *Patrologiae cursus completus: series prima*, ed. J.-P. MIGNE PL VIII, col. 481-482, Pariis 1844: Nous voulons qu'ils soient dispensés de toute function publique qu'elle qu'elle soit, afin qu'ils ne soient pas distraits par une erreur ou qu'il n'y ait pas de sacrilège envers le culte divin; (la traduction est nôtre).

de la religion dans le monde et cette vocation est considérée essentielle pour le bien même de l'État. Ils ne doivent donc pas être distraits par des préoccupations d'un autre genre. L'État, au contraire, pour son propre intérêt a le devoir de leur imposer des conditions qui leur permettent de remplir efficacement leur function[70].

Les législations impériales relatives aux privilèges éloignaient les clercs des affaires politiques sur leur territoire seulement. Or l'Église est universelle, il fallait donc une intervention de l'autorité ecclesiastique pour donner à cette interdiction un caractère universel. Comme le soulignait Batiffol:

> «*En octroyant au clergé l'exemption des munera civilia, Constantin ne l'excluait pas nécessairement des honores ou magistratures municipales: Une convention tacite entre l'Église et les prince eut cet effet de fermer au clergé l'accès des fonctions civiles de l'administration impériale. Des canons de conciles viendront peu après Constantin transformer cette convention tacite en une loi organique de l' Église* »[71].

A la suite des interventions impériales, des conciles reviendront sur la question des clercs qui ne peuvent au même moment bien assumer les charges ecclésiastiques et les offices séculiers. Ainsi, le Concile de Carthage (397) revenait sur la question des interdictions en deux de ses canons. Le canon 15, demandait aux Evêques et aux clercs et aux diacres ou à tous les ecclésiastiques entre autres, non suelemement de na pas s'occuper des postes séculiers, mais aussi de ne pas chercher à vivre par des moyens grossiers et malhonêtes. Ils doivent avoir devant eux de qui est écrit: «*Nemo militans.... saecularibus*»[72]. En revenant sur l'interdiction, en 451, le Concile oeucuménique de Calcédoine la rend contraignate pour toute l'Église considéreé dans son universalité.

> «*Qui semel in clero deputati sunt aut monachorum vitam expertiverunt, statuimus, neque ad militiam neque ad dignitatem aliquam venire mundanam aut, hoc temptantes et non agentes poenitentiam, ut ad hoc quod propter Deum prius elegerunt anthematizari*»[73].

---

[70] Cf. L. DE GIOVANNI, *Chiesa e Stato, nel Codice Teodosiano*, Napoli, 1980, p. 67.

[71] P. BATIFFOL, *La paix constantinienne et le catholicisme*, vol. 2, Lecoffre 1914, p. 350-351.

[72] CONCILIUM CARTAGINENSE III «a. 397», *can. 15,* in: *Mansi III,* col. 883*: «Item placuit, ut episcopi et presbyteri et diaconi vel clerici non sint conductores neques procuratores, neque ullo turpi vel inhonesto negotio victum quaerant, quia respicere debeant scriptuum esse; Nemo militans Deo, implicat se negotiis saecularibus».*

[73] CONCILIUM CHALCEDONENSE «a. 451», *can. 7,* in: *Conciliorum Oecumenicorum Decreta (COD)*, edizione bilingue, a cura di G. Alberigo et al., versione it. A cura di A. NICORA ALBERIGO, BOLOGNA, 2002, *p. 90.* «Nous decretons que ceux qui étaient admis dan sles rangs du clergé ou parmi les moines ne devraient pas faire partie de l'armée ni assumer des fonctions civiles. Par conséquent, quiconque ose le faire et n'accomplit pas la pénitence nécessaire peur revenir à la vie qu'il avait précedemment choisie à cause de Dieu, qu'il soit ananthème»; (la traduction est nôtre).

Ce Concile, étant oeucuménique, a regroupé plus de responsables d'Églises. Comme les moines, les prêtres ne peuvent laisser leur vocation et entrer dans la vie publique à plein temps[74], d'autant plus qu'ils étaient considérés comme liés de façon spéciale à son Église[75]. Le concile renforce cette interdiction, en recourant à la menace de l'anathème afin que les clercs ne soient pas sujets de scandal de par leur activité. Avec les moines, les clercs sont définitivement destinés au service de Dieu, abandonnant la vie de ce monde et choisissant celle de Dieu[76]. Ils ne doivent pas s'occuper des choses étrangères à leur vocation. Les Pères conciliaires admetaient toutefois une exception en des circonstances extraordinaires. Les clercs peuvent donc s'occuper des choses temporelles auand il s'agit de respecter la loi de tutelle des enfants ou quand le clerc est chargé par l'Évêque de la ville de s'occuper des affaires ecclésiastiques ou des orphelins et des veuves non protégés ou des personnes ayant particulièrement besoin de l'assistance de l'Église ou pour la protection de l'Église[77]. Au concile de Sardaigne[78], les Pères conciliaires réitéront l'interdiction. Les *85 canons des Apôtres,* un important ouvrage de la littérature juridique chrétien, nous en donne aussi des traces. Nous notons entre autre: *«Episcopus, aut sacerdos, aut diaconus nequaquam seculares curas assumant; sin aliter, deiciantur»*[79] ou

> *«Diximus non oportere episcopum vel presbyterum sipsum ad publicas administrationes demitere, sed in ecclesiastici negotii versari. Vel ergo ita non facere persuadeatur, vel deponatur; nemo enim potest duobus dominis servire secundum Domini admonitionem»*[80].
> ou encore *« Episcopus vel presbyter, vel diaconus exercitui vacans, et utraque obtinere volens, Romanum scilicet magistrum et sacerdotalem administrationem, deponatur »*[81].

---

[74] Cf. CONCILIUM CHALCEDONENSE « a. 451 », *Canones*, can.3 et can.7, in : *COD*, p. 88, 90.

[75] Cf. CONCILIUM NICAENUM I «a. 325», *Canones*, can.16, in: *COD,* p. 12-13; *CONCILIUM CHALCEDONENSE* «a. 451», *Canones*, can. 5 et can. 6, in: *COD* p. 90.

[76] D. SALACHAS, *Il diritto canonico delle chiese orientali nel primo millennio: confronti con il diritto canonico attuale delle chiese orientali cattoliche: CCEO,* Bologna 1997, p. 153.

[77] *CONCILIUM CHALCEDONENSE* «a. 451», *can. 3 COD 88-89;* D. SALACHAS, *Il diritto canonico,* p.153.

[78] Cf. CANONES CONCILII SARDICENSIS «a. 342», *Canones*, c. 8, in: *Mansi,* Tom. 3, col. 21-30, col. 25.

[79] CANONES APOSTOLORUM «a. 341 ad a. 381», can. 6, in: *Mansi*, Tom. 1, col. 30, 46. «un Evêque, un presbyter ou un diacre ne doit pas assumer des charges civiles; dans le cas échéant, qu'ils soient deposes»; (la traductin est nôtre).

[80] CANONES APOSTOLORUM «a. 341 ad a. 381», can. 80, col 46. Nous disons qu'il ne sied pas qu'évêque ou qu'un prêtre se mèle des administrations publiques, mais qu'il s'occupe des affaires ecclésiastiques. Qu'ils soient persuadés de ne pas le faire, sinon qu'ils soient déposés; car personne ne peux sevir deux maîtres selon l'amonition du Seigneur»; (la traduction est nôtre).

[81] CANONES APOSTOLORUM «a. 341ad a. 381», can. 82, col 46. «L'évêque, ou le prêtre, ou le diacre, qui sert dans l'armée ou desire obtenir et l'amdministration romaine et celle sacerdotale, soit déposé »; (la traduction est nôtre).

Il est vrai qu'on ne connait pas l'auteur, de ces canons qui auraient probablement éte compilés en Syrie vers les dernières décennies du 4e siècle. C'est un recueil canonique des conciles antérieurs[82].

D'autres conciles particuliers reprendront cette interdiction disciplinaire de Calcédoine, en l'accompagnant parfois de menace. Ainsi quand le Concile d'Angers (453) menaçait même de déposition les clercs réfractaires[83], celui de Tours (461) lui, menaçait d'excomunication les transgresseurs[84] et celui Tarragone (516), tout en reprenant la discipline liait l'exception à la défense des intérêts de la religion[85]. Dans la péninsule ibérique, deux Conciles de Tolède: Tolède IV (633)[86] et Tolède XI (675)[87] aussi iront dans le même sens, apportant des présisions. Le Deuxième Concile de Nicée réitère l'interdiction, en établissant que les clercs ne peuvent pas s'occuper des affaires mondaines ou séculières. Le transgresseur doit démissioner ou doit être destitué. Car il est engagé parmi ceux qui prêchent la Parole de Dieu; sa seule préoccupation doit donc être l'annonce de cette Parole, en cherchant le Salut des âmes et non les vanités du monde[88]. Ce Concile renforcera aussi l'extension de l'interdiction à toute l'Église universlle[89].

La législation canonique restera contante en cette matière; cette interdiction devient désormais une tradition de l'Église. Les autres conciles qui suivront ne feront que réaffirmer cela, en la renforçant parfois. Ainsi comme les autres conciles, Concile de Mayence (813), en son canon 14, enjoindra à tous les ministres de l'autel du Seigneur ou les moines de s'abstenir de toutes les affaires dans la ville, qu'elles qu'elles soient[90]. Il énumère aussi un certain nombre de situations dans lesquelles les clercs doivent s'abstenir d'intervenir, sauf pour la défense des plus faibles[91]. Cette injonction à l'abstention de toute implication dans

---

[82] Cf. *D. SALACHAS, il diritto canonico*, p. 17.

[83] Cf. CONCILIUM ANDEGAVENSE «a. 453», *can. 7 Mansi,* tome 7, col. 901.

[84] CONCILIUM TURONICUM I «a. 461», *can. 5, Mansi,* tome 7, col. 945-946.

[85] CONCILIUM TARRAGONENSE «a. 516», can. 11, in: *Mansi,* tome 8, 1762; col. 543.

[86] CONCILIUM TOLETANUM IV «a. 633», *CAN. 31, Mansi,* tome 10, col. 631.

[87] CONCILIUM TOLETATUM *XI «a.* 675», *can. 6, Mansi,* tome 11, col. 141.

[88] Cf. CONCILIUM NICAENUM *II,* a. 787, *can. 10 COD, p. 131-156, p. 146-147.*

[89] Cf. CONCILIUM NICAENUM II, a. 787, *Canones*, can. 10, in: *COD*, p. 146.

[90] CONCILIUM MOGUNTIACUM a. 813, *can. 14, Mansi,* tome14, *col.* 69*: «Ministri auten altaris Domini, vel monachi, nobis placuit, ut negotiis saecularibus abstineant».*

[91] Cf. lib. III tit. L cap. 1: « *Enumerat concilium multa saecularia negotia, a quibus iubet clericos et monachoss aaabstinere. Et sunt XIV., si recte numerentur* » in: *Decretalium De Gregorii Papae IX compilatio*, in: *Corpus Iuris Canonci*, Editio Lipsiensis secunda / post Aemilii Ludouici Richteri / curas ad librorum manu scriptorum et editionis Romanae fidem recognouit et adnotatione critica instruxit Aemilius Friedberg, Pars secunda, *Decretalium collectiones*, B. Tauchnitz, 1922, col. 657.

les questions de la vie civile rejoint le principe général qui se fonde sur le précepte de Saint Paul. Le Concile oeucuménique de Constantinoble IV (869-870) ne manquera pas renforcer l'interdiction, en sanctionnant que même ceux qui ont administré les maisons ou les terres des Chefs civils ou politiques ne peuvent en aucun cas être admis au clergé de la grande Église. Car «*nemo Deo militans saeculis negotiis implicatur*». Et s'il arrivait que quelqu'un est admis malgré cette interdiction, qu'il soit absolument exclu de tout grade ecclésiastique, car promu en oppositon aux décisions du grand Concile[92]. Il s'agit en fait de tout faire pour ne pas causer préjudice au ministère, puisque l'exercice des fonctions publiques implique un engagement envers l'autorité civile.

Après de conciles, il y eut d'autres decrets d'Évêques allant dans ce sens. L'un des points de référence est Gratien, le maître de Bologne. Partant des lettres de Saint Cyprien, de Carthage à la communauté de Furnes, il affirmait le principe d'exclusion de la vie civile, parce que gênant pour l'état clérical. Ceux qui se consacrent aux choses spirituelles ne doivent pas être impliqués dans les questions temporelles: «*non licet clericis molliciis et secularibus rebus obligari* [93] *secularibus negociis clerici non debent alligentur*»[94]. Il utilse d'autre part le principe des fonctions et professions laïques «*molliciis et secularibus rebus laqueisque obligari non debent qui diuinis rebus et spiritualibus occupati sunt nec ad terros et seculares actus uacare* »[95]. Partant de certains écrit de Saint Isidore de Séville, sur la conduite des clercs, il réitère en termes généraux «*secularia offitia negotiaque abnuant*»[96]. Voilà selon le Père de la science canonique, des principes qui doivent guider la vie et le comportement des ecclésiastiques dans la sphère socio-politique. Dans son decret, Gratien fait une grande part aux normes prohibitives des Conciles de Carthage et de Calcédoine. Il intègre aussi les trois conditions dans lesquelles un ecclésiastique peut être admis à l'exercice

---

[92] CONCILIUM CONSTANTINOPOLITANUM IV « a. 869-870», *can. 13, COD*, p. 157-186, p. 176.

[93] *Decr. Grat,* pars 2, *causa 21, qu. 3, can. 5* in: *Decretum Magistri Gratiani: concordia discordantium canonum,* in: *Corpus iuris Canonici* Editio Lipsiensis secunda, post Aemilii Ludouici Richteri, curas ad librorum manu scriptorum et editionis Romanae fidem recognouit et adnotatione critica instruxit Aemilius Friedberg, Pars prior, *Decretum Magistri Gratianin* B. Tauchnitz, 1922, col. 857. «Il n'est pas permis que les clercs soient obligés par ces occupations séculières»; (la traduction est nôtre).

[94] *Decr. Grat,* pars 2, *causa* 21, qu. 3, can. 6, in: *Corpus iuris Canonici I,* col. 857. «Les clercs ne doivent pas être liés par des choses séculières»; (la traduction est nôtre).

[95] *Decr. Grat,* pars 2, *causa* 21, qu. 3, can. 5, in: *Corpus iuris Canonici I,* col. 857. «Ceux qui sont engagés dans les choses divines et les affaires spirituelles ne doivent pas être obligés par les affaires mondaines et laïques ni s'occuper des actes terrestres et profanes »; (la traduction est nôtre)

[96] *Decr. Grat,* pars 1, *D. 23, c. 3,* in: *Decretum Magistri Gratiani* in: *Corpus iuris Canonici,* Lipsiensis secunda, post Aemilii Ludouici Richteri, curas ad librorum manu scriptorum et editionis Romanae fidem recognouit et adnotatione critica instruxit Aemilius Friedberg, Pars prior, *Decretum Magistri Gratianin* B. Tauchnitz, 1922, col. 80.

des fonctions civiles: la primauté du droit aux fonctions de procureurs, la défense des intérêts de l'Église, la défence des veuves, des orphelins et la protection des pauvres, des faibles, des nécessiteux selon la discretion de l'Évêque. Il est claire: « *In sacris ordinibus constituti seculares curas assumere non debent*»[97].

Depuis le Concile de Calcédoine, nous nous trouvons devant une longue tradition de l'Église. Après la querelle des investitures et le concordat de Worms en 1122, la législation de l'Église d'Occident renforcera cette exclusion des prêtres de tous les offices publics afin qu'ils puissent se dédier à plein temps, au service de Dieu. Cette tradtion traversera l'époque du Père de la science canonique et sera rappelée par le Concile de Latran III (1159-1181) qui, tout en abrogeant les dispositions du Concile de Tolède[98], interdit aux prêtres d'assumer des charges de juges dans les tribunaux. En effet, le deuxième Concile sanctionnait que les clercs, à partir du sous-diaconat, ne doivent pas ester en justice devant les tribunaux civils si ce n'est pour défendre leur propre cause ou celle de l'Église ou celle des pauvres ne pouvant se défendre. De plus, ils ne sont pas autorisés à assumer des fonctions administratives ni judiciaires au service des seigneurs séculiers. Le précept «*Nemo militans Deo implicat se negociis saecularibus*» de l'Apôtre ne doit en aucun cas être violé. Celui qui ne suit pas cette règle, doit être éloigné de tout ministère ecclésiastique et une peine plus sévère doit être infligée à qui se comporte autrement[99]. Trente six ans après ce Concile, celui de Latran IV renformera la discipline ecclésiastique en interdisant aux clercs les offices séculiers. En se référent au principe de la conduite générale des clercs, le canon 16 du Concile établit sans ambage: «*Clerici officia vel commercia saecularia non exerceant*»[100], et le canon 18 couvre le pouvoir judiciaire.

A son ascension au Siège de Saint Pierre, le Pape Grégoire IX réitèra, dans ses décretales, les normes déjà établies par la tradition, en faisant interdiction aux clercs d'accéder aux fonctions publiques qui sont du domaine de la juridiction séculière « *Ne clerici vel monachi saecularibus negotiis se immisceant*» [101]. Le Pape Boniface VIII se

[97] *Decr. Grat,* pars 1, D. 88, c. 3, in: *Corpus iuris Canonici I,* col. 307. « Ceux qui sont constitués dans les ordres sacrés ne doivent pas assurmer des responsabilités séculières» (la traduction est nôtre).

[98] CONCILIUM TOLETANTUM IV «a. 633», *Canones*, can. 31, in: *Mansi,* tome 10, col. 628.

[99] Cf. CONCILIUM LATERANENSE III, a. 1179, *Canones,* can. 12, in: *COD,* p. 218.

[100] CONCILIUM LATERANENSE IV, a. 1215, *Canones*, can. 16, in: *COD,* pp. 243-244. can. 16, in: *COD* 24. « Les clercs ne doivent pas exercer des offices ou commerces mondains» (la traduction est nôtre)

[101] Lib. III, tit. L cap 1, in: *Decretalium De Gregorii Papae IX compilatio*, in: *Corpus iuris Canonici* Editio Lipsiensis secunda, post Aemilii Ludouici Richteri, curas ad librorum manu scriptorum et editionis Romanae

référera à d'autres sources pour renforcer la position selon laquelle les prêtres et les moines ne doivent pas se mêler des affaires du monde[102].

Le Concile de Trente (1545-1563), en rectifiant les erreurs du protestantisme, s'était surtout penché sur la discipline ecclésiastique. Les canons disciplinaires de ce Concile, constituent une authentique collection législative pour l'Église universelle. Non seulement il confirmera dans ses décisions cette interdiction, mais en plus les renforcera :

> « *statuit sancta synodo ut quae alias a summis Pontificibus et a sacris conciliis de clericorum vita, honestate, cultu doctrinaque reinenda..., necnon saecularibus negotiis fugiendis, copiose ac salubriter sancita fuerunt, eadem in posterum eisdem poenis vel maioribus, arbitrio ordinarii imponendis, observentur* »[103].

Les clercs sont donc invités par les Pères conciliaires à fuir les affaires séculières, les affaires civiles. Et les Ordinaires ont vu leur responsabilité, en matière de vigilance, accrue en vue de sauvegarder la discipline ecclésiastique. D'autres conciles reprendront les mêmes interdictions. On comprend bien l'intervention des Souverains pontifes et des Conciles quand on sait bien la distinction faite entre clercs et laïcs, dont les occupations sont diffèrentes. On trouve par exemple dans le décret de Gratien, cette grande distinction qui est faite entre les deux genres de chrétiens, en ce qui concerne leurs occupations. Quand les membres du premier groupe (les clercs) doivent s'abstenir des choses temporelles et s'occuper des choses spirituelles, se dédiant à la comtemplation et à l'oraison, les membres du second groupe, appelés laïcs, peuvent s'occuper des choses temporelles se mariant et agissant pleinement dans le monde.

> « *Duo sunt genera Christianorum. Est autem genus unum, quod mancipatum divino officio, et deditum contemplationi et orationi, ab omni strepitu temporalium cessare convenit, ut sunt clerici... §1 Aliud vero est genus Christianourm, ut sunt laic...His licet temporalia*

fidem recognouit et adnotatione critica instruxit Aemilius Friedberg, Pars prior, *Decretum Magistri Gratiani,* B. Tauchnitz, 1922, col. 657.

[102] Cf. lib. III, tit. L, cap. 4,5,8,9 in: *Corpus iuris Canonici,* pars II, col. 657-660; *Lib. Sextus*, Lib. 3 tit. 24, cap. 3, in: *Liber sextus decretalium Domini Bonifacii papae VIII,* in: *Corpus Iuris Canonci*, Editio Lipsiensis secunda / post Aemilii Ludouici Richteri / curas ad librorum manu scriptorum et editionis Romanae fidem recognouit et adnotatione critica instruxit Aemilius Friedberg, Pars secunda, *Decretalium collectiones*, B. Tauchnitz, 1922, col. 1064.

[103] CONCILIUM TRIDENTINUM, sess. 22 *Decretum de refomatione*, can. 1, in: *COD* p. 738: « Le saint synode établit qu'à l'avenir, sous la menace des mêmes peines, ou même plus graves, au jugement de l'Ordinaire, les questions qui ont été sanctionnées par les Souverains pontifes et les Sacrés Conciles concenant la conduite de la vie, l'honnêteté, la décence et la doctrine que les clercs soient maintenues et également les affaires de la vie civile qu'ils doivent fuir» (la traduction est nôtre).

possidere... His consenssun est uxorem ducere, terram colere, inter virum et virum iudicare, causas agere...decimas reddere.... »[104].

Pour sa part, la Sacrée Congrégation de la Propagande de la Foi, par deux fois, au XVIIe siècle, demandera aux missionnaires de ne pas s'immiscer dans les affaires séculières, et plus spécialement dans les affaires politiques[105]. Et quelques années plus tard, le Pape Alexandre VII, dans le contexte de la mission, confirmera un décret édicté par la Sacrée Congrégation de la Propagande de la Foi où celle-ci recommandait aux clercs de ne pas prendre part de manière trop importante aux affaires séculières :

> « *caveant itidem parochi saeculares et regulares nullo modo sese ingerere in rebus spectantibus ad politiam saecularem, nec nullum ad officia publica proponant, quamvis aptior ceteris videatur, nec unquam intersint comitiis aut conventibus, ubi de rebus publicis agitur*» [106],

réitérant ainsi les intedictions de la tradition de l'Église. Sous le pontificat du même pape, la Sacrée Congrégation de Propagande de la Foi a rédigé et expédié en septembre 1659 des instructions aux vicaires apostoliques nommés dans les rangs des Missions étrangères de Paris (pour la Chine). Ces instructions se référaient au Portugal et ses soutiens de la Compagnie de Jésus. Dans ces instructions, la Congrégation donnait des recommandations expresses :

> « *Soyez si éloignés de la politique et des affaires de l'État que vous n'acceptiez jamais de prendre en charge une administration civile, même si on vous le demande formellement, que vous ne tendiez qu'à des intérêts spirituels et au salut des âmes, que vos travaux, vos désirs et votre esprit soient rigoureusement dirigés vers les choses célestes à l'exclusion de toutes les autres... Feignez une totale ignorance des affaires politiques et une inaptitude complète*

---

[104] *Decr. Grat.*, pars 2, causa 12, qu. 1, can. 7, in: *Corpus iuris Canonici I,* col. 678: «Il y a deux genres de chrétiens. Le premier que constituent les clercs, qui sont voués à l'office divin, se dédient à la contemplation, et à l'oraison et ils ne doivent pas s'occuper des choses temporelles... § 1. L'autre genre sont les laïcs....Il leur licite de posseder les choses temporelles... ils peuvent semarier, cultuiver la terre, juger des affaires des hommes, traiter des choses... paryer la dîme »; (la traduction est nôtre)

[105] Cf. SACRA CONGREGATIO DE PROPAGANDA FIDE, *Litterae encyclicae,* 1622 ian. 15, in: CONGREGATIO DE PROPAGANDA FIDE, *Collectanea Sacrae Congregatio de Propaganda Fide*, vol. I, Romae, 1907, p. 1-2.; Idem, *Instructio,* 1659, in: CONGREGATIO DE PROPAGANDA FIDE, *Collectanea Sacrae*, vol. I, Romae, 1907, p. 42-43.

[106] Cf. ALEXANDER PP VII, Const. : *Sacrosancti Apostolatus Officii*, 1658 ian 18., § 2. VIII : à l'adresse des curés aux Indes, in : *Ius pontificium, De propaganda Fide, Pars I, Complectens Bullas Brevia Acta S.S.* vol. I, A cura ad studia Raphaëlis de Martinis, Romae, 1888, p. 304. « De même, que les pasteurs, qu'ils soient séculiers ou religieux se gardent de toute ingérence dans les questions relatives à la politique séculière ; qu'ils ne proposent non plus personne un aux offices publics, bien que cela puisse sembler plus approprié au reste » ; (la traduction est nôtre).

à l'administration civile de façon à vous éloigner au plus vite de ce lieu (cour et palais) plein de périls » [107].

Quant au Pape Clément IX, il confirma cette position du Pape Alexandre VII[108] et de la Sacra Congrégatio de Propaganda Fide, en tirant la sonnette d'alarme lorsque des prêtres proposaient des candidats pour les offices publics ou participaient à des assemblées politiques à Goa et dans les adriatiques[109]. Le pape Léon XIII tiendra la même ligne en déclarant, le 8 décembre 1882 dans une lettre, que les prêtres qui prennent part à fond à des luttes de partis, n'accomplissent pas leur devoir. Ils donnent ainsi l'impression de s'intéresser d'avantage aux choses terrestres que célestes *« Profecto sacerdotes tradere se penitus partitium studiis, ut plus humanan quam caelestiam curare videantur, non est secudum ufficium »* [110]. Toutefois, devant la montée de l'anti catholicisme en Hongrie, tout en donnant un avertissement sévère aux prêtres trop impliqués en politique, il permit leur engagement pour l'intérêt de la religion ou la promotion du bien commun dans un pays qui s'apprêterait à voter des lois anti catholiques. Dans sa lettre encyclique *Constanti Hungarorum* [111] écrite à cet effet, il énonça ce qui va devenir la formule du canon 287 §2 du *Code de droit canonique de 1983*, en précisant que, si le souci des affaires de la Cité trouve ses limites naturelles pour les clercs dans les exigences de leur état et de leur ministère, ceux-ci ne peuvent s'en désintéresser, particulièrement lorsque la défense de l'Église et celle du bien commun appellent un engagement de leur part. En ce qui concerne le cas de la Hongrie d'alors, la préoccupation restera et demeurera la participation habituelle de clercs à la vie politique active. En 1905, le Pape Pie X, soulignera avec nuance:

---

107 SACRA CONGREGATIO DE PROPAGANDA FIDE *Instr.: Ad Vicarios App. Societatis Mission. Ad exteros, 1659;* in: *Collectanea Sacrae Congregationis de Propaganda Fide seu Decreta instructiones rescripta pro apostolicis missionibus, ex tabulario eiusdem sacrae congregationis deprompta*. Romae, Ex typographia polyglotta, S. C. *de propaganda fide*, 1893, n. 135. (Traduction française in : G. VAN GRASDORFF *La belle histoire des Missions étrangères de Paris*, Paris 2007, p. 50.

108 Cf. ALEXANDER PP VII, Const.: *De Spirituali,* 1658 ian.18, in: CONGREGATIO DE PROPAGANDA FIDE, *Collectanea Sacrae Congregatio de Propaganda Fide*, vol. I, Romae, 1907, p. 39-41.

109 Cf. CLEMENS PP IX, Const.: *In excelsa*, 1669 Sept. 13, in: CONGREGATIO DE PROPAGANDA FIDE, *Collectanea Sacrae Congregatio de Propaganda Fide*, vol. I, Roma, 1907, p. 62-63.

110 LEO PP. XIII. Ep. Enc. *Cum multa*, ad venerabiles Fratres Archiepiscopos et Episcopos universos in regione Hispana; 1882 dec. 8; in: *ASS*, 15 (1882), p. 244. « Il n'est pas du devoir des prêtres de s'intéresser plus aux intérêts des partis au point de sembler se soucier plus de l'humain que du céleste» (la traduction est nôtre)

111 Cf. LEO PP XIII, litt. enc.: *Constanti Hungarorum*, n. 9, 1893 sept. 2, in: *Leonis XIII Pontificis Maximi Acta*, vol. XIII, Vaticano, 1893, p. 268-280.

« .. non possiamo dissimulare, Venerabili Fratelli, il pericolo non lieve al quale, per la condizione dei tempi, si trova oggi esposto il Clero; ed è di dare soverchia importanza agli interessi materiali del popolo, trascurando quelli ben più gravi del sacro suo ministero.

Il sacerdote, elevato sopra gli altri uomini per compiere la missione che tiene da Dio, deve mantenersi egualmente al di sopra di tutti gli umani interessi, di tutti i conflitti, di tutte le classi della società. Il suo proprio campo è la Chiesa, dove ambasciatore di Dio predica la verità ed inculca col rispetto dei diritti di Dio il rispetto ai diritti di tutte le creature. Così operando, egli non va soggetto ad alcuna opposizione, non apparisce un uomo di parte, fautore degli uni, avversario degli altri, né per evitare l'urto di certe tendenze o per non irritare in molti argomenti gli animi inaspriti si mette nel pericolo di dissimulare la verità o di tacerla, mancando nell'uno o nell'altro caso ai suoi doveri; senza dire che dovendo trattare ben spesso di cose materiali, potrebbe trovarsi solidale in obbligazioni dannose alla sua persona, e alla dignità del suo ministero. Non dovrà dunque prender parte ad associazioni di questo genere, se non dopo matura considerazione, d'accordo col suo Vescovo, ed in quei casi soltanto, nei quali l'aiuto suo è immune da ogni pericolo e torna di evidente profitto»[112].

Quelques années plus tard, Face à la loi de la séparation de l'Église et de l'État en France, le même Pape aura une attitude plus ouverte à propos de l'implication des prêtres en politique. Il les autorisera en 1906 à se présenter aux élections pour la chambre des députés en vue de se prononcer sur la loi de séparation de l'Église et de l'État et ce après avoir eu, bien sûr, non seulement la permission de leur Ordinaire propre, mais aussi de l'Ordinaire de leur lieu d'apostolat[113]. Bien qu'il ait été favorable à l'engagement politique du clergé canadien francophone qui voulait amender des lois sur l'école dans ce pays, le Pape Benoît XV s'est fait moins compréhensif à l'égard du clergé hongrois, belge et polonais en faisant un rappel à l'ordre[114].

B) Le Code de 1917 et les interventions magistérielles

Le *Code de droit canonique de 1917* se fondera en ce domaine sur la tradition ecclésiastique, même s'il n'est pas explicite comme le canon 287 § 2 du *Code de droit canonique* de 1983. Quand les canons 138 et 140 énumèrent les activités incompatibles avec

[112] PIUS PP X, Lit. Encycl.: *Il fermo propósito,* 1905 iun. 11, Romae, apud S. Petrum, de actione catholica, in: *Pii X Pontificis Maximi Acta,* vol. II, Romae 1907, p. 129-130.

[113] Cf. CONGREGATIO NEGOTIORUM ECCLESIASTICORUM EXTRAORDINARIORUM, *Responsum,* 1906 apr. 2, in: *ASS*, an. 39 (1906), p. 192.

[114] Cf. BENEDICTUS PP XV, Ep. *Dilecte fili,* 1919 mar. 12, Ad Ioannem S. R. E. Card. Csernoch, Archiepiscopum Strigoniensem, De praesenti rei Regiliosae condicione in Hungaria, in: *AAS,* 11 (1919), p. 122 (123); cf. *Les lettres du Pontife Romain* in: *Traité de droit canonique*, tome I, Paris 1946, p. 308; J. H. PROVOST, *Priests and Religious*, p. 79.

l'état clérical, ceux 139, 141 et 142 interdisent aux prêtres de s'engager dans des activités considérées comme étrangères à l'État clérical.

Le canon 139 dudit Code Pio-bénédictin, pour sa part, sanctionne des interdictions faites aux clercs d'occuper des fonctions civiles

> *« Sine apostolico indulto medicinam vel chirurgiam ne exerceant; tabelliones seu publicos notarios nisi in Curia ecclesiastica, ne agant; officia publica, quae exercitium laicalis iurisdictionis vel administrationis secumferunt, ne assumant».* [115]

et publiques :

> *«Senatorum aut oratorum legibus ferendis quos deputatos vocant munus ne sollicitent neve acceptent sine licentia Sanctae Sedis in locis ubi pontificia prohibitio intercesserit; idem ne attentent aliis in locis sine licentia tum sui Ordinarii, tum Ordinarii loci in quo electio facienda est»*[116].

Ces deux paragraphes, il est vrai ne font pas expressément mention de l'animation active dans un parti politique ou de la direction d'une association syndicale, mais font référence à *«l'exercice d'une juridiction séculière ou d'une administration»* §2 ; *«La fonction de sénateur ou de membre d'un corps législatif ne peut être sollicitée ou acceptée»* § 4 qui sont des domaines essentiellement réservés aux laïcs. Et quand on se réfère à la *mens* du législateur, on peut nettement en saisir la portée.

Cette disposition avait pour but de sauvegarder la dignité du clerc et de réaffirmer qu'il est étranger et indépendant des choses civiles. Toutefois, cette législation de 1917 n'est pas aussi rigide car, son canon 139 § 4 permet, avec la permission de son ordinaire propre et de l'ordinaire du lieu d'apostolat, l'engagement dans certaines activités. Les Evêques eux, ne pouvant s'auto-accorder la permission, devaient recourir au Saint Siège[117].

D'ailleurs, quelques années après la promulgation dudit Code, la commission d'interprétation du Code révélait l'esprit de canon, en répondant à une consultation qui lui était faite. Il s'agissait de savoir si les cardinaux, les archevêques et les Évêques, tant

---

[115] *CIC-1917*, can. 139*§2 «. Sans un indult du Saint-Siège, les clercs ne peuvent exercer ni la médecine, ni la chirurgie; ils ne peuvent être tabellions ou notaires, si ce n'est dans une curie ecclésiastique; ils ne peuvent accepter des emplois publics, comportant l'exercice d'une juridiction séculière ou d'une administration»*

[116] *CIC-1917*, can 139 §4. *«La fonction de sénateur ou de membre d'un corps législatif ne peut être sollicitée ou acceptée par les clercs sans la permission du Saint-Siège, dans les régions où une prohibition pontificale a été portée; dans les autres régions, ils ne peuvent le faire sans la permission cumulative de leur Ordinaire propre et de l'Ordinaire du lieu où l'élection aura lieu».*

[117] Cf. SACRA CONGREGATIO CONCILII, *Decretum*, 1957 iui. 16, in: *Leges Ecclesiae post Codicem iuris caninici editae*, collegit, digessit notisque ornoravit X. OCHOA vol. II, Roma, 1969, col. 3723.

résidents que titulaires pouvaient demander ou accepter la fonction de Sénateur ou député, ou si les ordinaires des lieux devaient se montrer difficiles ou faciles s'ils sont sollicités pour permettre à des prêtres de se porter candidats pour le corps législatif. Dans sa réponse, en ce qui concerne les prélats, la commission a fait savoir la nécessité de l'autorisation du Saint siège, à moins que la constitution de l'État n'en dispose autrement. Et pour ce qui est de la permission à donner aux clercs, les Évêques pouvaient le faire à bon escient, mais cela devait constituer l'exception[118]. Il en ressort donc qu'en norme de principe les clercs ne pouvaient pas jouer un rôle actif dans le domaine politique. En plus, un décret de la Sacrée Congrégation Consistoriale, du 30 juin 1914, exigeait la permission du pape pour l'Italie[119].

Comme on peut le voir, en fait, la rédaction du paragraphe 4 de notre canon 139 ne laisse pas entrevoir une interdiction stricte faite aux clercs de participer aux luttes politiques et sociales[120]. Puisque dans la rédaction du canon 141, la commission n'a pas jugé bon de garder l'expression « luttes politiques »[121]. Ils peuvent donc y intervenir exerçant leur droit de vote. Mais pour ce qui est de l'intervention active, qui engage les gens à voter dans une direction donnée, ou organisant ou présidant des réunions populaires, ou y assister, il lui faut une prudence particulière. Toutefois, quand certains partis politiques attaquent ou menacent directement les droits de l'Église, l'intervention directe du clergé non seulement peut être justifiée, mais aussi nécessaire.

Pour sa part, le Pape Pie XI est intervenu par deux fois sur ce sujet. La première fois, le 16 novembre 1922, il faisait savoir aux Evêques de la Belgique que les prêtres doivent s'abstenir de tout ce qui peut diviser les esprits, comme les affaires politiques et les discussions sur les langues et les races. La seconde fois, le 24 mars 1924, il rappelait ses positions en ce domaine, en soulignant que personne n'a le droit d'abuser de l'autorité que donne le caractère sacré, ni l'action catholique, dans des vues purement politiques et dans le but de favoriser n'importe quel parti[122]. Le 27 février 1927, la Sacrée Congrégation du Concile est allée dans le même sens, en répondant par l'affirmative à deux questions,

---

[118] Cf. PONTIFICIA COMMISSIO AD CODICIS CANONES AUTHENTICE INTERPRETANDOS, *Dubia circa canonem*, 1922 apr. 25, in: *AAS,* 14 (1922), p. 313.

[119] Cf. *Traité de Droit canonique, tome I, Livre I et II, Introduction aux Règles Générales des personnes*, sous la dir. de Raoul NAZ, Paris 1954, p. 314.

[120] Cf. *Traité de Droit canonique,* p.315.

[121] Cf. Id.

[122] Cf. PIUS PP XI, All. *Amplissimum consessum*, (Sacrum Consistrorium), 1924 mar.24, in: *AAS,* 16 (1924), p. 126.

à savoir : si l'Ordinaire a le droit et le devoir d'interdire par voie de précepte l'action politique aux ecclésiastiques qui, en s'y adonnant, ne se conforment pas aux instructions du Saint Siège et s'il faut punir d'une peine proportionnée, conformément aux saints canons, les clercs qui désobéiraient à ce précepte qui ne s'amenderaient pas après avertissement. « *Porro SS. D. N. Pius divina Providentia PP. XI in audientia diei 15 Mar-tii insequentis resolutionem Emorum Patrum dignatus est approbare et confirmare, eandemque publici iuris fieri mandavit* »[123].

Cherchant toujours que les clercs ne soient pas objets ou signes de division par leurs prises de positions politiques et pour le bien de l'Église et de tout le peuple de Dieu, le Saint Siège a signé des concordats avec certains États, concordats dans lesquels il faisait prohibition aux clercs de se mêler activement de politique. Ainsi, dans le concordat signé entre le Saint Siège et l'Italie le 11 février 1929[124], en son article 43, était renouvelée l'interdiction faite aux clercs et aux religieux d'Italie de s'occuper activement de la politique. Et en 1933, l'article 32 du Concordat avec l'Allemagne stipulait aussi que l'Église publie des dispositions interdisant aux clercs et aux religieux d'appartenir aux partis politiques et d'y consacrer leur activité[125]. Dans le même sillage, on peut rappeler le cas des prêtres hongrois dont certains siégeaient au Parlement et d'autres participaient activement à la vie politique. Cela avait donné lieu à un précepte, en forme de décret de prohibition de la *Sacra Congregatio concilii,* en date du 16 juillet 1957, interdisant quelque participation que ce soit, enjoignant aux élus de démissionner de leur mandat dans le mois suivant la publication et assortissant la décision d'une excommunication *latae sententiae* réservée.

> *«sacerdotes vero, sive saeculares sive religiosi, qui munus aliquod in eodem Parlamento actu iam detinent, idem intra mensem a publicatione huius Decreti dimittere praecipiuntur, simulque vetantur Parlamenti sessionibus adesse ac quamcumque operam praestare quibus-vis activitatibus cum dimisso munere connexis. Si quis vero, quod Deus avertat, contra praefatas normas se gesserit, excommunicationem speciali modo Sedi Apostolicae reservatam ipso facto incurret»*[126].

---

[123] SACRA CONGREGATIO CONCIL II, *Roma et alliarum Dubia,* 1927 mar. 15, in: *AAS*, 19 (1927), p. 138.

[124] Cf. *Concordato tra la Santa Sede e l'Italia*; le 1929 feb. 11, art. 43, in: *AAS,* 21 (1929), p. 275-295

[125] Cf. *Inter Sanctam Sedem et Germanicam Republicam, Solemnis Conventio*, 1933 jul. 20, art. 32., in: *AAS,* 25 (1933), p. 407.

[126] Cf. SACRA CONGREGATIO CONCIL II, *Decretum participatio activa rebus politicus in Hungaria sacerdotibus prohibitur*, in: *AAS,* 49 (1957), p. 637: «les prêtres, séculiers ou religieux, qui occupent déjà une fonction dans du Parlement, sont sommés de se démettre dans un délai d'un mois à compter de la publication du présent décret; il leur est également interdit d'assister aux séances du Parlement et exercer toute activité liée à cette démission quelle qu'en soit la force. Si toutefois, il s'en trouve qui agit contrairement aux normes

Trois parmi ces prêtres n'ont pas obtempéré. Le 15 février 1958 ce refus d'obtempérer a été suivi d'une déclaration d'excommunication à leur encontre[127].

Dans l'Afrique nouvellement indépendante des années 1958-1960, on trouve aussi des cas remarquables et problématiques, du moins, du point de vue canonique comme les autres. Au Congo Brazzaville, par exemple, l'abbé Fulbert YOULOU, fut un dirigeant politique, maire de Brazzaville, Premier ministre puis premier Président de la République du Congo de 1958 à 1963. Il fut sanctionné par le Saint Siège. Bien que ne vivant plus ses obligations cléricales, il a continué à se prévaloir de l'état ecclésiastique. Dans la Centrafrique voisine, l'abbé Barthélémy BOGANDA, avec le soutien de son Evêque, devint député du parti politique Mouvement Républicain Populaire (MRP) à partir de 1946. Il fut maire de Bangui, Premier ministre puis Président de la République de 1958 à 1959. Toutefois, en 1950, il fut démis de l'état clérical à cause de ses engagements[128].

Sous d'autres cieux, les choses se passèrent autrement, confirmant que la règle de la non-participation active à la politique n'est pas toujours respectée. En 1970, le jésuite Robert Drinan, avec la permission de ses Supérieurs religieux immédiats, fut élu, devenant ainsi le premier prêtre catholique élu au Congrès américain le 3 novembre 1970[129]. L'année suivante, un autre prêtre américain fit la même démarche auprès de ses Supérieurs de la Congrégation des Oblats de Marie Immaculée. Il se fit élire à la tête de la mairie de Plattsbugh sous la bannière du Parti Républicain[130]. Dans les années 1976, avant le nouveau Code de Droit canonique, deux prêtres québécois siégèrent sur les bancs souverainistes à l'Assemblée législative de leur province en 1976[131].

---

susmentionnées, que Dieu écarte, il encourt ipso facto une excommunication spécialement réservée au Siège Apostolique» ; (la traduction est nôtre).

[127] Cf. SACRA CONGREGATIO CONCIL II, *Excommunicationis declaratio*, 1958 feb. 15, in : *AAS* 50 (1958), p. 116.

[128] Cf. J.-C. DJEREKE, *L'engagement politique du clergé catholique en Afrique noire,* Karthala, Paris, 2003 ; pp. 23 ; 200 ; 203 ; 205.

[129] Cf. T. M. St. Pierre ST. PIERRE, *Revente father congressman*, in : M. KOLBENSCHLAG, *Between God and Ceasear/ Priests, sisters ans political office in the unisted States*, New-York 1985, p. 193.

[130] Cf. R. H. ST. PIERRE, *Three term Priest-mayor*, in : M. KOLBENSCHLAG, *Between God and Ceasear/ Priests, sisters ans political office in the unisted States*, New-York 1985, p. 204.

[131] Cf. J.T. PINI, op, *La participation des clercs aux charges publiques et à la vie politique : entre protection et restriction*, p. 5-6, in : *https://www.academia.edu/11440241/Probl%C3%A8mes_canoniques_de_la_participation_des_clercs_%C3%A0_la_vie_publique* (15-12-2020). p. 6.

Avec le nouveau Code de 1983, les cas deviendraient rares. Car prévaudra toujours, la tradition millénaire de l'Église. Ils seront généralement réglés en défaveur de la participation à la vie politique et aux charges impliquant l'exercice du pouvoir civil. Dans tous les cas, se pose le problème de sanction.

C) La question au concile Vatican II et dans le magistère post conciliaire.

Dans ses documents, le Concile Vatican II est parti de la riche tradition de l'Église, la renouvelant continuellement. Cela lui a permis d'arriver à une régénération en ce qui concerne le ministère sacerdotal et sa spiritualité qui se sont ainsi retrouvés renouvelés. Le Concile ne s'est pas prononcé directement sur la question de la participation des clercs à la politique. Toutefois dans le décret conciliaire *Presbyterorum ordinis* sur le ministère et la vie des prêtres, les Pères conciliaires ont mis en exergue l'identité du prêtre, soulignant la double dimension de sa vie[132]. Sans être du monde, et sans pour autant prendre le monde en exemple, le prêtre doit vivre dans le monde, en étant à la fois témoin et dispensateur de la vie divine en Jésus Christ et sans être étranger à la vie des hommes[133]. Son premier devoir est l'édification du corps du Christ[134]. Il ne peut donc se mettre au service d'une idéologie ou d'une faction[135]. Bien qu'ayant abordé la question du Sacerdoce et même de la formation des futurs prêtres, dans le décret conciliaire *Optatam totius*, les Pères n'ont pas traité explicitement de la question de l'engament actif des clercs en politique et de la direction des associations syndicales. Ils sont tout juste relevé que la «*Missio quidem propria, quam Christus Ecclesiae suae concredidit, non est ordinis politici, oeconomici vel socialis: finis enim quem ei praefixit ordinis religiosi est*»[136]. Ce sera dans d'autres documents ultérieurs que le Magistère se prononcera de manière explicite sur la question de la participation des clercs à la politique.

Au Synode de 1971 consacré au sacerdoce ministériel, les Pères synodaux ont voulu « *fidem... confermare, spem erigere, caritatem fovere* » de leurs frères dans le sacerdoce et

[132] Cf. *PO* 3.

[133] Cf. *PO* 3, 17.

[134] Cf. *PO* 8.

[135] Cf. *PO* 6, 7.

[136] *GS* 42. « La mission que le Christ a confité à son Église n'est pas d'ordre politique, ni d'ordre économique ou social : le but qu'il lui a assigné est d'ordre relgieux » ; (la traduciton est nôtre)

tous les chrétiens[137]. Dans le document *Ultimis temporibus*, qui a sanctionné le Synode, ils ont exposé certains points fondamentaux de la doctrine de l'Église sur le sacerdoce ministériel et donné certaines orientations sur l'activité pastorale des prêtres. Dans ce document, les directives se sont faites plus précises sur la participation des prêtres à l'activité des mouvements politiques en particulier, mais aussi sur l'acceptation de charges civiles. A ce Synode épiscopal de 1971, le cardinal Suenens, alors archevêque de Malines-Bruxelles et Primat de la Belgique, distinguait soigneusement la responsabilité du prêtre en tant que citoyen, de sa responsabilité de prêtre en tant que ministre de l'Église, responsabilité qu'il tient de sa Mission. Tout en affirmant qu'il a le droit d'avoir et d'exprimer son opinion politique inspirée par l'Évangile, il soulignait qu'il ne devait pas se mêler activement à la lutte des partis politiques. Il doit, au contraire, réaliser que l'engagement politique direct revient normalement aux laïcs ; il se doit donc d'inviter ces derniers à prendre leur responsabilités[138].

Pour sa part, le cardinal Alfrink, alors archevêque d'Utrecht (Pays-Bas), soulignait au même Synode, le devoir du prêtre d'agir en faveur de la promotion des droits de l'homme, de la dignité de la personne humaine et de la construction de la paix dans le monde. Tout prêtre doit agir ainsi, via la formation des consciences des laïcs. Il manquerait à sa mission s'il n'agissait pas de la sorte ; car c'est aussi une mission de l'Evangile[139], un des aspects de l'annonce de la Bonne Nouvelle du Salut apporté par Jésus-Christ.

Aussi, dans le document, ayant sanctionné le Synode, les Évêques, après avoir souligné le caractère par excellence du ministère sacerdotal, ont rappelé que les prêtres doivent s'y dédier à plein temps. Pour cela aucune participation à des activités séculières ne peut exprimer la particularité de la responsabilité des prêtres. Toutes leurs activités doivent servir la *« missionis Ecclesiae, tum hominibus mondum evangelizatis, tum communitati christianae....* »[140]. De plus, comme le soulignait avec force le document synodal, la mission propre du prêtre comme de l'Église, mission que le Christ lui a confié n'est pas d'ordre

---

[137] Cf. *UT*, introduzione, in: *EV*, 4 (1971-1973), p. 752.

[138] Cf. L-J. SUENENS, *Les problèmes pratiques du sacerdoce ministériel,* 1971 oct. 11, Textes intégraux d'interventions au Synode sur le sacerdoce ministériel, in : *DC*, n. 1596 (1971), p. 986.

[139] Cf. B. J. ALFRINK, *La position de l'Episcopat hollandais*, 1971 oct. 9, Textes intégraux d'interventions au Synode sur le sacerdoce ministériel, in : *DC,* n. 1596 (1971), p. 983.

[140] *UT* pars I, 2 a.

politique, ni économique, ni social, mais religieux[141]. Même si le prêtre, comme tous les croyants, a le droit dans le domaine politique d'avoir ses propres choix, en tant que témoin des réalités futures, « *se removeat quoliet politico officio vel studio* » car les choix politiques sont contingents en soi et ne présentent jamais « *Evangelium numquam omnino, congruentes et perenniter, interpretentur* »[142]. Et pour bien assurer son rôle de signe valide d'unité et annoncer l'Evangile dans sa plénitude, il peut quelquefois « *obligatione teneri potest sese ab exercitio suis ipsuis iris hac in re abstinendi* »[143]. Et sur la question de l'engagement politique du clerc, les Pères synodaux ont été plus que clairs : *«assumptio muneris ad moderationem pertinetis (leadership) vel actuose militandi modus pro aliqua factione politica excludi debent a quolibet presbytero.... »*[144]. La seule exception liée à cette interdiction, est l'exigence d'un réel bien commun avec le consentement de l'Evêque qui doit avoir consulté le Conseil presbytéral et si nécessaire la Conférence épiscopale. Le document n'a pas manqué de soulever que c'est le service séculier des laïcs qui est sollicité dans ce domaine. Les prêtres doivent donc les soutenir à tous les égards[145]. Ce document servira de source au canon 287 en ces paragraphes 1 et 2.

Dans tous les cas, le prêtre est appelé à lutter pour la concorde et la paix dans le monde, à défendre les droits de l'homme, à promouvoir la paix et la justice et, ce faisant, suivre des voies qui sont en accord avec l'Évangile[146]. Il ne doit toutefois pas utiliser la violence, en paroles ou en actes, parce que cela n'est pas conforme à l'esprit de l'Évangile, et doit toujours maintenir le contact avec la communauté ecclésiale. Cette vision a toujours été celle de l'Église et rappelée par des Souverains Pontifes comme le Pape François qui soulignait justement que l'Église Elle n'aspire pas compétir pour les pouvoirs temporels mais s'offrir comme une famille parmi les familles......nous voulons être une Église qui sert, qui sort de chez elle, qui sort de ses temples, qui sort de ses sacristies,

---

[141] *UT* Pars I, 7. « *Missio proprio sacerdotis, sicut et Ecclesiae, quam Christus ei concredidit, no est ordinis politici, oeconomici vel socialis sed religiosi* »

[142] *UT* pars II, 2 b : « n'interprêtent jamais l'évangile de manière adéquate et perpéteulle » ; (la traduction est nôtre)

[143] UT *pars II, 2 b :* « être tenu de s'abstenir de s'abstenir dans ce domaine de l'exercice de son droit » ; la traduction est nôtre)

[144] UT *pars II, 2 b. «* Assumer un fonction directive ou militer activement en faveur de quelque parti politique doit être exclu par tout prêtre » ; (la traduction est nôtre).

[145] Cf. *UT* ibid.

[146] Cf. *UT*, pars altera I, 2b.

pour accompagner la vie, soutenir l'espérance, être signe d'unité ... pour établir des ponts, abattre les murs, semer la réconciliation [147].

III. SOURCES, FORMATION ET ANALYSE DU CANON 287 § 2

Les paragraphes un et deux du canon 287 forment un seul ensemble. La recherche de la paix à laquelle les clercs sont invités va de pair avec le non engagement actif dans un parti politique ou la direction d'un mouvement syndical. Ce canon, dans sa formulation sans équivoque, apparaît comme une nouveauté dans la sphère canonique. Il n'existe pas comme tel dans le Code Pio-bénédictin.

A) Les sources du canon

Même si le Code Pio-bénédictin n'apparaît parmi ses sources, les sources citées sont post codiciales et se fondent sur les paragraphes du canon 139 du *Code de droit canonique de 1917* et sur certains documents Concile Vatican II, notamment, la *Presbyterorum Ordinis* en son numéro 6 et la *Gaudium et Spes* en ses numéros 91-92.

Dans le numéro 6 de *Presbyterorum Ordinis*, les Pères conciliaires ont situé les rapports que le prêtre doit avoir avec le peuple de Dieu comme Chef. Il lui revient de rassembler la famille de Dieu qui est une fraternité ayant une seule âme et la conduire vers Dieu le Père. Ne revient-il pas au prêtre de former les chrétiens à ne pas garder à eux seuls, mais à savoir, selon les exigences de la loi nouvelle de charité, mettre au service des autres la grâce reçue par chacun, afin que tous remplissent en chrétiens le rôle qui leur revient dans la communauté des hommes ? Son ministère doit le pousser à entretenir de bons rapports avec tout le monde, sans exception.

Les Pères n'ont pas hésité à mettre en exergue une des exigences de la responsabilité des prêtres. Dans leur charge de bêtisseurs de la communauté chrétienne, les prêtres ne sont jamais au service d'une idéologie ou d'une faction humaine. Ils sont hérauts de l'Évangile

---

[147] FRANCISCUS PP, Let. Enc. *Fratelli tutti*, 2020 oct. 3, n. 276, sulla fraternità e l'amicizia, in: *OR*, an. 159, n. 228 (4 ott.), p. 1-17. *«Non aspira a competere per poteri terreni, bensì ad offrirsi come «una famiglia tra le famiglie......» «vogliamo essere una Chiesa che serve, che esce di casa, che esce dai suoi templi, dalle sue sacrestie, per accompagnare la vita, sostenere la speranza, essere segno di unità [...] per gettare ponti, abbattere muri, seminare riconciliazione»*

et pasteurs de l'Église et doivent poursuivre la croissance spirituelle du Corps du Christ qu'ils consacrent leurs forces.[148].

La constitution conciliaire *Gaudium et spes* en ses derniers numéros qui ont servi de conclusion, a mis l'accent non seulement sur le rôle de chaque chrétien[149], mais aussi sur la nécessité de dialogue entre les hommes[150] et la construction d'un monde répondant au dessein de Dieu[151]. Ce sont ces dernières recommandations faites à l'endroit de tous les chrétiens que le Législateur a rendues en des termes juridiques positifs pour les clercs dans le premier paragraphe du canon 287. Ils sont invités à chercher la concorde avec tous les hommes ; ce que la *Gaudium et spes* exprime en termes de fraternité universelle, appuyée sur des fondements plus profonds et sous l'impulsion de l'amour[152]. Le Prêtre, serviteur de l'Église, ne doit-il pas être lui aussi comme l'Église, le signe de cette fraternité qui rend possible un dialogue loyal et le renforce ? Cela passe nécessairement à travers ce dialogue qui se fonde sur l'estime, le respect et la concorde mutuels, dans la reconnaissance de toutes les diversités légitimes. Voilà pourquoi, les Pères, après avoir rappelé que nous sommes tous appelés à être frères, lançaient une invitation à coopérer, sans violence et sans arrière-pensée, à la construction du monde dans une paix véritable[153]. Et pour finir, il est rappelé aux chrétiens, leur devoir d'amour, devoir qui est en même temps un lieu de témoignage pour eux[154]. Quelques années après le Concile, il y a eu lieu la deuxième Assemblée générale ordinaire du Synode des Evêques en 1971 sur le sacerdoce ministériel et la justice dans le monde. Dans *Ultimis temporibus*, l'un des documents ayant sanctionné le Synode, il est rappelé aux Prêtres, leur mission qui est avant tout religieux et non politique. Dans leur agir et autre ils doivent tout faire pour demeurer ce signe valide d'unité.

Le paragraphe de notre canon qui interdit l'engagement actif du prêtre dans la politique et la direction des associations syndicales, outre le document *Ultimis temporibus*, tire ses sources principalement de certaines décisions qui renvoient au can. 139 § 2-4 du

---

148 Cf. *PO* 6.

149 Cf. *GS* 91.

150 Cf. *GS* 92.

151 Cf. *GS* 93.

152 Cf. *GS* 91.

153 Cf. GS 92.

154 Cf. *GS* 93.

Code de Droit canonique de1917, même si ce canon n'est pas mentionné[155]. Ces décisions proviennent de certaines interventions des Papes, ou de la Commission pontificale pour l'interprétation authentique du code de droit canonique ou de la Congrégation du Concile et de certaines interventions du Magistère.

Ainsi dans un responsum en date de 2-3 juin 1918, la Commission Pontificale pour l'Interprétation Authentique du Code de Droit Canonique répondait, à un doute sur l'interprétation du canon 139 § 3 du code précédent, par l'affirmative que la prise d'un mandat parlementaire par un clerc était liée à l'autorisation de l'Ordinaire propre[156]. Dans la même année, dans une lettre, le Pape Benoît XV, tout en conseillant une action politique légitime et pacifique des canadiens français dans l'Ontario sous la direction de leurs Evêques afin d'assurer les amendements nécessaires des lois de 1913 sur l'école d'Ontario, soulignait l'objectif qui doit être recherché à travers ces actions[157].

On peut se référer aussi à la lettre du Pape Benoît XV au cardinal Csernoch, alors archevêque d'Esztergom (Hongrie), lettre dans laquelle il déplorait le 12 mars 1919 l'activité politique de certains prêtres en Hongrie :

> « *Itaque Nos sollicito cum animo nuper vidimus nonnullos e Clero nimis aperte licenterque in medios politicarum rerum Auctus se coniicere, seque acerrimis de natione contentionibus immiscere, partium odia concitantes in sacri ministerii dignitatem* »[158].

Le même pape, le 10 février 1921, écrivait une lettre aux Evêques belges. Il les exhorait à empêcher leurs clercs d'avoir de violentes controverses sur la question

---

[155] Cf. *Münsterischer Kommentar zum Codex Iuris Canonici*, unter besonderer Berücksichtigung der Rechtslage in Duetchlanf, Österreich ub der Schweiz, Herausgegeben VON KLAUS Lüdicke, Band 2 (cann. 204-459) Ludgerus Verlag, p. 287/ 2.

[156] Cf. PONTIFICIA COMMISSIO AD CODICIS CANONES AUTHENTICE INTERPRETANDOS, *Dubia*, 1918 iun. 2-3, in: *AAS*, 10 (1918), p. 344.

[157] Cf. BENEDICTUS PP XV, Ep.: *Dilecti fili*, 7 iun. 1918, Ad Ludovicul Mazariüs S.R.E. Card. Bégin, Archiespiscopum Quebecensem, Ceterosque Archiepiscopos et Episcopos Regionis Canadensis: Mutua inter fideles concordia interm commendata, dantur normae quaod scholastican legem a gubernatorivus Ontarii status latam, in: *AAS*, 10 (1918), p. 440; LINCOLN B. T. (sj), *The canon Law Digest, officially Published Documents Affecting the Code of Canon Law 1917-1933*, vol. I (1934), p.126.

[158] BENEDICTUS PP XV, Ep.: *Dilecte Fili*, 12 mar. 1919, Ad Ioannem S.R.E. card. Csernoch, Archiepiscopu, Strigoniensem, De Praesenti Rei Religiosae condicione in Hungeria, in: *AAS* 11 (1919), p. 122 (123); LINCOLN B. T. (sj), *The canon Law Digest* p. 126. « Ces derniers temps, nous avons constaté avec anxiété que certains membres du clergé, se mêlent trop ouvertment et librement des affaires publiques et s'impliquent dans des débats acerbes de la nation, incitant à la haine de partis et contre la dignité du ministère sacré»; (la traduciton estnôtre).

des langues. Car cela pourrait nuire à la charité et entraver leur travail sacerdotal. Il en est de même pour l'engagement en politique[159]. Il faut éviter le désordre aussi bien dans le domaine social, que religieux. Le premier juillet 1921, dans une lettre aux Evêques et au clergé polonais, le même pape Benoît XV leur conseillait de s'abstenir de tout engagement dans les activités politiques ; il leur recommandait la charité sacerdotale et le combat des erreurs par le biais de l'apostolat de la presse[160]. Et en 1926 tout en protestant contre la persécution dont l'Église est objet au Mexique, le Pape Pie XI, dans une lettre aux Archevêques et Evêques de ce pays, en leur conseillant l'action catholique, les mettait en garde contre la politique partisane[161].

En dehors des papes, des Congrégations romaines aussi sont allées dans le sens de la tradition de l'Église. Ainsi dans une autre réponse du 25 avril 1922, la *Pontificia Commissio ad Codicis Canones Authentice Interpretandos*, soulignait que les Prélats résidents ou titulaires peuvent chercher ou accepter d'être sénateurs ou députés, (sans permission du Saint Siège) dans leur pays s'ils le sont *ex officio* et si cet arrangement a été approuvé par le Saint Siège. Dans le cas contraire, ils ont besoin de la permission du Saint Siège. La même commission affirmait que les Ordinaires doivent être sévères et non indulgents dans en accordant des permissions à des prêtres qui veulent concourir pour un poste législatif[162].

Pour couronner le tout, dans une réponse en date 1927, la *Sacra Congregatio Concilii* répondait par l'affirmative que l'Ordinaire compétent peut interdire par précepte l'exercice d'activités politiques aux clercs qui ne se conformeraient pas aux Instructions du saint Siège.

---

[159] Cf. BENEDICTUS PP XV, Ep.: *Dilecte Fili*, 1921 feb. 10, Ad desideratu MS.R.E. Gard. Mercier, Archiepiscopu M. Mechliniensem, ceterosque Belgarü M. Episcopos, quibus, occasione «*Quaetinis flandricae*», nonnula quae ad religionem pertinent parterno anomo inculcat, 1921, in: *AAS*, 13 (1921) p. 127; LINCOLN B. T. (sj), *The canon Law Digest*, vol. I, p. 127.

[160] Cf. BENEDICTUS PP XV, Ep.: *Dilecti Fili*, 1921 iul. 16, Ad E. MOS PP. DD. Alexandrum S. R. E. Presb. Card. Kakowski, Archiepiscopum varsaviensem, Edmundum S. R. E. Presb. Card. Dalbo, Archiepiscopum Gnesnensem et Posnaniensem, ceterosque Polonia Episcopos: De ratione a clero servanda in praesenti Poloniae conditione, in: *AAS*, 13 (1921), p. 424; LINCOLN B. T. (sj), *The canon Law Digest* vol. I (1934), p. 127.

[161] Cf. PIUS PP XI, Ep. Ap.: *Paterna sane*, 1926 feb. 2, Ad RR. PP. DD. Iosephum Mora Y Del Rio, Archiepiscopum Mexicanum ceterosque Mexicanae Republicae Archiepiscopos et Episcopos: De Iniqua condicione Ecclesiae in Mexico atque De normis ad Catholican actinem ibidem promovendam, in: *AAS*, 18 (1926), p. 175; LINCOLN B. T. (sj), *The canon Law Digest* vol. I (1934), p. 127-128.

[162] Cf. PONTIFICIA COMMISSIO AD CODICIS CANONES AUTHENTICE INTERPRETANDOS, *Dubia circa canonem 139*, 1922 apr. 25, in: *AAS*, 14 (1922) p. 313; LINCOLN B. T. (sj), *The canon Law Digest* vol. I (1934), p. 127.

Non seulement il peut, mais doit infliger des peines au clerc qui violerait ces préceptes et ne s'amenderait pas après admonition. Cette réponse donnée par la Congrégation le 26 février a été approuvée et confirmée le 25 mars par le Pape Pie XI qui en a ordonné la publication[163].

Dans le document *Ultimis temporibus,* que nous avions mentionné, les Pères synodaux, après avoir rappelé la mission religieuse du prêtre et la contingence des opinions politiques, ont expressément défendu aux prêtres de s'immiscer dans la politique, en y assumant une fonction de direction ou militer dans un parti politique. Il ne peut le faire que si l'exige vraiment le bien de la communauté, mais avec le consentement de l'Évêque qui ne le donnera qu'après les consultations prévues par le droit[164]. On voit que c'est ce document magistériel qui a été exprimé en termes juridique par le deuxième paragraphe de notre canon.

Le 6 mars 1982, à quelques mois de la promulgation du nouveau Code par le Pape Jean-Paul II d'heureuse mémoire, il y a eu une déclaration de la Congrégation pour le Clergé qui allait dans le sens de la discipline du canon 287 § 2[165]. Dans cette déclaration, la congrégation est de prime abord revenue sur le droit des clercs, non seulement de faire partie des associations, mais aussi d'en fonder et d'en diriger avec la précision que cela doit être pour des motifs qui sont en adéquation avec la nature du sacerdoce ministériel[166]. Elle a ensuite rappelé la discipline ecclésiastique selon laquelle l'exercice du droit d'association des clercs, que ce soit sur le plan ecclésiastique ou civile ne doit pas les amener à faire partie des associations ou mouvements qui, de par leur nature, finalité ou méthode d'action empêchent la communion hiérarchique de l'Église ou causent du tord à l'identité sacerdotale ou à l'accomplissement adéquat des devoirs que les prêtres eux-mêmes exercent au nom du Christ pour le service du peuple de Dieu[167]. Continuant dans le sens du rappel, la Congrégation a encore rappelé que les associations ou mouvements qui, d'une manière ou d'une autre, que ce soit directement ou indirectement, ouvertement ou sournoisement, poursuivent des finalités politiques sont incompatibles avec l'état clérical et donc interdits aux clercs, même s'ils se présentent extérieurement comme cherchant à favoriser les idéaux humanitaires, la paix et le progrès social. Il faut avant tout éviter tout ce qui fait obstacle à

---

[163] Cf. CONGREGATIO CONCILII, *Romana et aliarum dubia*, 1927 mar. 15, in: *AAS* 19 (1927) p. 138.

[164] Cf. *UT* Pars I, 2 b.

[165] Cf. SACRA CONGREGATIO PRO CLERICIS, Décl.: *Quidam Episcopi*, de quibusdam associationibus vel coadunationibus quae omnibus clericis prohibentur, 1982 mar. 6, n. 5, in: *AAS* 74 (1982), pp. 642-645.

[166] Cf. SACRA CONGREGATIO PRO CLERICIS, *Quidam Episcopi*,1.

[167] Cf. SACRA CONGREGATIO PRO CLERICIS, *Quidam Episcopii*, 2.

la mission sacerdotale et à la communion ecclésiale. Car ces deux éléments sont essentiels dans la vie et le ministère sacerdotal[168]. Pour conclure, la Congrégation, non seulement a rappelé le droit et le devoir de l'autorité ecclésiastique de veiller à ce que les clercs ne fassent pas partis des associations ou mouvements qui ne sont pas en harmonie avec l'état clérical, mais aussi celui de sanctionner avec une juste peine et même avec des censures, selon le droit, tout prêtre contrevenant aux dispositions prises par son autorité compétente en cette matière[169].

B) La formation du canon

Pour la formation du Canon, les consulteurs et membres des commissions se sont basés sur la tradition de l'Église en la matière, car la discipline que sanctionne le Suprême Législateur au canon 287 § 2 apparaît comme l'héritage de plusieurs siècles.

Le premier paragraphe de notre canon est un appel pour que les clercs œuvrent toujours autant que possible pour la préservation de la paix et de la concorde fondée sur la justice ; il n'a pas d'équivalent dans le Code de droit canonique de 1917. Il apparaît de ce point de vue comme une nouveauté e comme une reprise d'une préoccupation générale du Concile, préoccupation édictée par la constitution pastorale *Gaudium et Spes* :

> *«mundum praecellenti dignitati hominis magis conforment, universalem altiusque fundatam fraternitatem appetant atque, sub impulsu amoris, generoso atque consociato conamine, urgentibus nostrae aetatis postulationibus respondeant.»; GS 2, 1: «Ecclesia, vi suae missionis universum orbem nuntio evangelico illuminandi et omnes homines cuiusvis nationis, stirpis vel culturae in unum Spiritum coadunandi, signum evadit illius fraternitatis quae sincerum dialogum permittit atque roborat»* [170].

mais adaptée aux fonctions cléricales. Ces préoccupations touchent le devoir de tout homme de rechercher la fraternité universelle[171]. Totuefois, le second paragraphe peut trouver son équivalent dans le canon 139 § 4 du *Code de droit canonique de 1917* qui santionne *:*

---

[168] Cf. SACRA CONGREGATIO PRO CLERICIS, *Quidam Episcopi*, 3.

[169] Cf. SACRA CONGREGATIO PRO CLERICIS, *Quidam Episcopi*, 5.

[170] *GS* 91: « Il leur faut rendre le monde plus conforme à l'éminente dignité de l'homme, rechercher une fraternité universelle, appuyée sur des fondements plus profonds, et, sous l'impulsion de l'amour, à répondre généreusement et d'un commun effort aux appels les plus pressants de notre époque.*»; GS 92, 1: «*En raison de sa mission d'éclairer l'univers entier par le message évangélique et de réunir en un seul Esprit tous les hommes, à quelque nation, race, ou culture qu'ils appartiennent, l'Église apparaît comme le signe de cette fraternité qui rend possible un dialogue loyal et le renforce » ; (la traduction est nôtre).

[171] Cf. *Münsterischer*, p. 287/ 1.

« La fonction de sénateur ou de membre d'un corps législatif ne peut être sollicitée ou acceptée par les clercs sans la permission du Saint-Siège, dans les régions où une prohibition pontificale a été portée; dans les autres régions, ils ne peuvent le faire sans la permission cumulative de leur Ordinaire propre et de l'Ordinaire du lieu où l'élection aura lieu »[172].

Même si le libellé du canon de fait pas spécialement mention de l'expresion politique, les fonctions citées sont des charges politiques.

Dès lors de la première session (24-28 octobre 1966), les consulteurs, membres du *Coetus studiorum ad recognosendas normas Codicis de Clerici* se sont donné pour tâche de traiter, (entre autres) de la question des canons 118-144 du *Code de droit canonique de 1917*. Il s'agissait d partir de la doctrine conciliare sur le sacerdoce ministériel de faire l'analyse de ces canons sur les *«iura et privilegia necnon obligationes clericorum»*[173] afin de déterminer, s'il faut les garder, les supprimer ou les changer.

Déjà, en ces années, exercer son droit politique était aussi un des moyes de participation à la construction de la communauté politique. Le canon originaire proposé par le *coetus* d'études se présentait alors dans le schéma d'octobre 1966, canon 135 *De vita sociali* :

« Clericus vatae sociali cooperetur, quod in casibus particularibus, de consensu et sub competentia auctoritatis sui Ordinari, fieri potest sive scientiae investigandae aut tradendae opram conferendo, sive etiam manibus laborando et ipsorum operariorum sortem participando, exclusa tamen omni factionibus politicis participatione »[174].

Selon quatre consulteurs, le texte tel que libellé n'a pas besoin d'être, car est suffisant ce qui est dit dans le *Presbyterorum Ordinis*. Pour d'autres consulteurs, on ne doit pas mentionner d'une façon spéciale la coopération du clerc, mais indiquer d'autres formes de coopération. Pour d'autres encore, la proposition est trop générale et comprend des réalités très diverses. Il a aussi été soulevé que le texte pourrait induire en danger si les prêtres

---

[172] CIC-1917, can. 139 § 4: *«Senatorum aut oratorum legibus ferendis quos deputatos vocant munus ne sollicitent neve acceptent sine licentia Sanctae Sedis in locis ubi pontificia prohibitio intercesserit; idem ne attentent aliis in locis sine licentia tum sui Ordinarii, tum Ordinarii loci in quo electio facienda est».*

[173] PONTIFICIA COMMISSIO CODICI IURIS CANONICI RECONOSCENDO, *Coetus Studiorum i de Sacra Hierarchia*, Sessio I. Diebus 24-28 octobris 1966, in: *Communicationes* 16 (1984), p. 158 : « Les droits, privilèges et obligations des clercs» ; (la troduction nôtre).

[174] *Comm.* 16 (1984), p. 179. «Le clerc peut, dans des cas particuliers et avec le consentement de l'autorité compétante, son Ordinaire, coopérer avec l'ordre social. Cela peut se faire dans les recherches scientifiques, l'enseignement, ou en travaillant de ses mains et en participant au sort des les ouvriers eux-mêmes, à l'exclusion de toute participation à des partis politiques »; (la traduction est nôtre).

s'immisçaient dans les choses temporelles. « *Quare, omnibus consentientibus, non servatur textus»*[175].

Au cours de la même session, le *coetus De Sacra Hiearchia* a alors retenu les normes du code de 1917 (can. 139) qui interdisaient aux clercs tout ce qui ne convient pas à leur statut. « *Similiter, retenitur praescriptum Codicis, vi cuius clerici vitare debent quae licet non indecora, a clericali tamen statu sunt aliena (can 139§ 1)* »[176], en ne perdant pas de vue qu'ils jouissent aussi des droits de la Cité, autant que les autres citoyens[177]. Le secrétaire adjoint proposa de faire d'abord une énonciation positive selon laquelle les clercs ont « *obbligatio fovendi condordiam inter homines* » avant de passer aux obligations négatives dont il est question au canon 141§2, qui est une révision du canon 139§4 du *Code de droit canonique de 1917*. Ils ne doivent pas avoir part à des activités politiques « *nisi iudicio competentis auctoritatis ecclesiasticae, Ecclesiae utilitas aut bonum commune id requirant* »[178]. Tous les membres du coestus *De Sacra Hiearchia*[179] y ont consenti et le texte fut de nouveau ainsi énoncé au canon le canon 141 dont le second paragraphe ne peut se comprendre sans le premier :

> « § 1 *Clerici pacem et concordiam inter homines servandam quam maxime semper foveant, in intestinis bellis et ordinis publici perturbantionibus nulla ratione partem habeant.*
>
> § 2 *Neque activitam in factionibus politicis partem habeant, nisi iudicio competentis, ad normam can ? 139§ 2 auctoritatis ecclesiasticae, Ecclesiae utilitas autbonum commune id requirant* »[180].

Lors de sa première réunion, la commission chargée de la réforme du Code circonscrit l'interdiction faite aux prêtres. La quatrième session aussi est allée dans le même sens. Mais à la 12e réunion du *coetus* des consulteurs (11-16 décembre 1972), parlant de *consociationibus syndicalibus*, la commission, sous la proposition d'un Très Révérend

175 *Comm.* 16 (1984), p. 179.

176 *Comm.* 3 (1971), p. 194. «De même, est conservée la prescription du Code, selon laquelle les clercs doivent éviter les choses qui, sans être inconvenantes sont encore étrangères à l'état clérical» ; (la traduction est nôtre).

177 «*Altera ex parte conset quidam Consultor affirmandum quoque esse clericos per se omnibus in Civitat audere iuribus, non secus ac alios cives» Comm.* 16 (1984) p. 182.

178 *Comm.* 3 (1971) p. 194.

179 *Comm.* 16 (1984) 183.

180 *Comm.16* (1984) 183 ; § 1 « Les clercs promouvront et poursuivront toujours le plus possible, la paix et la concorde entre les hommes ; ils ne prnedront aucunément part aux conflits civils et aux perturbations d'ordre public ; (la traduction est nôtre)

§ 2 Ils ne prendont pas une part active dans les partis politiques, à moins que, au jugement de l'autorité ecclésiastique compétente, selon la norme du canon 139§2, ne le requière l'utilité de l'Église ou le bien commun »; (La traduction est nôtre),

Monseigneur Secrétaire adjoint, a complété le texte, étendant l'interdiction à la participation des clercs à la direction des syndicats auxquels ils pourraient adhérer : *« Neque activitam in factionibus politicis atque in regendi consociationibus syndicaibus partem habeant»*[181]. Après plusieurs discussions, la différence dans la description des deux interdictions (participation active aux partis politiques en général, participation active « à la direction » des syndicats) fut finalement maintenue. Il avait été aussi proposé de restreindre l'interdiction de l'activité politique partisane à la « direction » des partis. On devait interdire toute participation active. Mais la question a été a été renvoyée à la quatrième réunion du groupe de consultants (14-19 janvier1980) [182]. En mai 1977, fut rédigé le premier shcéma officiel[183]. Dans le nouveau schéma, le canon 141 §2 du schéma provisoire de 1966 devint le canon 148 § 2 avec quelques ajouts au texte qui se présentait lors comme suit :

> *« Neque activitam in factionibus politicis atque in regendi consociationibus syndicaibus partem habeant, nisi iudicio competentis, ad normam can : 146 §2 auctoritatis ecclesiasticae, Ecclesiae iuria tuenda aut bonu, commune promovendum id requirat »*[184].

Lors de la session (4e) de 14-19 janvier 1980 du groupe d'étude, *De Sacra Hierarchia,* chargé de l'examen des observations transmises par les consulteurs sur le schema *De Populo Dei*, Monseigneur Secrétaire a proposé de supprimer dans le premier pargraphe, la seconde partie *«in intestinis bellis et ordinis publici perturbantionibus nulla ratione partem habeant »* [185] du can 148. Il arguait qu'il y a des moments dans l'histoire d'un pays où, les clercs peuvent difficilement être indifférents. Certains consulteurs ont aussi proposé d'ajouter le concept de justice *« opus iustitiae pax »* et le Relateur a proposé d'ajouter après *« concordiam, iustitia innixam »*[186]. Il s'agit d'introduire une clarification des concepts de paix et d'œuvre de justice, puisqu'il ne s'agit pas de concorde à tout prix, mais seulement de celle-là qui est fondée sur la justice (*concordia iustitia innixa*). Les

---

[181] *Comm.* 24 (1992) p. 282.

[182] Cf. *Comm.* 14 (1982), p. 83; cf. *Münsterischer,* p. 287/3.

[183] Cf. PCCICR, *Schema canonum libri II De Popolo Dei* (Reservatum)

[184] PCCICR, *Schema Canonum Libri II De Popolo Dei*, (Reservatum), Typis polyglottis vaticanis 1972, p. 67. «Ils ne doivent pas prendre activement part dans les partis politiques, ni dans la direction des associations syndicales, à moins qu'au jugement de l'autorité compétente ecclésiastique, selon le caon 146§2, ne le requièrent la défense des droits de l'Église ou la promotion du bien commun » ; (La tradution est nôtre).

[185] *Comm.* 14 (1982), p. 83.

[186] Cf. *Comm.* 14 (1982), p. 83.

consulteurs n'ont pas voulu aller dans le sens du sixième consulteur qui aurait aimé qu'on fasse mention de « *in regendi factionibus* ». Cette proposition n'a pas été acceptée, car prendre part active avec la propagande, est déjà en soi une cause de division dans la communauté chrétienne. Et le prêtre, en tant que ministre du Christ, doit être un signe et un élément d'unité pour tous les fidèles. Tous se mirent alors d'accord sur les propositions de Monseigneur Secrétaire et du Relateur. Le texte fut adopté et dans le paragraphe 2 on fit certains amendements « *Neque* » a été supprimé au début et « *ne* » a été ajouté entre « *partem* » et « *habeant* »[187].

Les propositions de révision générale et particulière du schéma de 1977 furent examinées de façon attentive par le secrétariat, qui pour cela modififa et emplifia la composition du groupe d'études[188]. Le 29 juin 1980 fut élaboré le projet complet du nouveau Code : Schéma de 1980[189]. Dans ce nouveau schéma, notre canon devint le canon 262 dont le paragraphe 2 s'énnonçait comme suit :

> « § 2 *Activitam in factionibus politicis atque in regendis consociationibus syndilalibus partem ne habeant, nisi iudicio competentis, ad normam can 260 § 2 auctoritatis ecclesiasticae, Ecclesiae utilitas autbonum commune id requirant* »[190].

La *Congregatio Plenaria* d'octobre 1981 proposa que l'interdiction de l'activité syndicale soit limitée à la « direction » des syndicats, arguant que les partis politiques et les syndicats « *sunt res diversae* »[191]. Mais cette proposition n'a pas été acceptée. Ainsi donc, le travail syndical actif des clercs ne devrait pas être interdit, mais uniquement les fonctions de direction dans les syndicats[192]. Le canon ne subit donc plus aucune modification, le texte ayant été presque unaniment approuvé.

---

[187] Cf. *Comm.* 14 (1982), p. 67, 83.

[188] Cf. J. HERRANZ, *Prolegómenos II. Génesis y elaboración del nuevo Código de derecho canonico*, in éd. A. MIRAS y R. RODRIGUEZ-OCANA, *Commentario de exegético al código de derecho canonico* I, 192.

[189] PICCIR, *Schema Codicis Iuris Canonici Iusta animadersiones S.R.E. Cardinalium, Episcoporul Conferentiarum, Dicasteriorum curiae Romanae, Universitatum Facultatumque Ecclesiasticarum necnon Superiorum Institutorum vitae consacrate recognito* (Patribus commissionis reservatum), Libreria editrice vaticana, 1980, p. 59.

[190] PCCICR, *Schema Codicis Iuris Canonici Iusta,* p. 59. "Ils ne doivent pas prendre une part active dans les partis politiques ou dans la direction des associations syndicales, à moins qu'au jugement de l'autorité compétente ecclésiastique, selon le caon 260 §2, ne le requière la défense des droits de l'Église ou la promotion du bien commun »; (La traduciton est nôtre).

[191] Cf. *Comm.* 14 (1982) 174.

[192] Idem.

Le schéma qui fut proposé en 1982 apparait comme le fruit de 15 années d'intenses travaux et études. Tous ces travaux ont montré un pluralisme de cultures, de tendances que les experts et les représentants de l'épiscopcat ont bien examiné. Dans ce nouveau schéma notre canon était désormais le canon 191 *§* 2. Bien qu'il y ait eu deux mutations d'ordre technique[193], il ne fut pas amandé. Notre canon se présentait donc comme suit :

> « § 2 *In factionibus politicis atque in regendis consociationibus syndilalibus activam partem ne habeant, nisi iudicio competentis, ad normam can 289 § 2 auctoritatis ecclesiasticae, Ecclesiae utilitas autbonum commune id requirant* »[194].

Le Schema novissimum fut consigné le 22 avril 1982 au Souveraoin Pontife qui voulut étudier personnellement chaque canon. Il se fit aider par deux commisions, la première composée d'experts, la seconde de Cardinaux et d'Évêques qualifiés[195]. Au cours de ces derniers travaux, la référence au canon 289 § 2 dans notre canon fut supprimé. Et notre canon fut affecté au numéro 287 § 2. Le Code de droit cannique fut promulgué le 25 janvier 1983 avec notre canon qui se présentait alors comme suit :

> « § 2 *In factionibus politicis atque in regendis consociationibus syndilalibus activam partem ne habeant, nisi iudicio competentis, auctoritatis ecclesiasticae, Ecclesiae utilitas autbonum commune id requirant* »

Comparaison du Canon 139§ 4 du Code de droit canonique de 197 et le canon 2978 § 2 du Code de droit canonique de 1983

Canon 139 § duu Code de 1917	Canon 287§ 2 du Code de 1983
«§4. Senatorum aut oratorum legibus ferendis quos deputatos vocant munus ne sollicitent neve acceptent sine licentia Sanctae Sedis in locis ubi pontificia prohibitio intercesserit; idem ne attentent aliis in locis sine licentia tum sui Ordinarii, tum Ordinarii loci in quo electio facienda est. »	*« § 2 In factionibus politicis atque in regendis consociationibus syndilalibus activam partem ne habeant, nisi iudicio competentis, auctoritatis ecclesiasticae, Ecclesiae utilitas autbonum commune id requirant »*

[193] Au début du second paragraphe, le terme *activam* fut disloqué afin de mieux convenir dans le texte du canon et l'indication sur le canon en rapport aux modalités de la licence à avoir.

[194] PCCCICR, *Codex iuris Canonici Schema Novissimum : post consultationem S.R.E. Cardinalium, Episcoporum Conferentiarum, Dicasteriorum Curiae Romanae, Universitatum Facultatumque ecclesiasticarum necnon Superiorum Institutorum vitae consecratae recognitum, iuxta placita Patrum Commissionis : deinde emendatum atque Summo Pontifici praesentatum*, Città del Vaticano 1982, p.50.

[195] Cf. J. HERRANZ, *Prolegómenos II., p.* 198.

« §4 La fonction de sénateur ou de membre du corps législatif ne peut être sollicitée ou acceptée par les clercs sans la permission du Saint Siège, dans les régions où une prohibition pontificale a été portée; dans les autres régions, ils ne peuvent le faire sans la permission cumulative de leur Ordinaire et de l'Ordinaire du lieu où l'élection aura lieu».[196]	*« §2. Ils ne prendront pas une part active dans les partis politiques ni dans la direction des associations syndicales, à moins que, au jugement de l'autorité ecclésiastique compétente, la défense des droits de l'Église ou la promotion du bien commun ne le requièrent».*

Une certaine lecture des deux canons juxtaposés, nous fait découvrir qu'ils énoncent premièrement un principe et dans un second temps lui admettent des exceptions.

Contrairement au libellé du canon 139 § 4, dans le canon actuel, tel que libellé, l'autorité compétente à qui il revient de donner l'autorisation pour un tel engagement n'est pas spéficiée comme ce fut dans le schéma de 1966 au canon 141 §2 *« Neque activitam in factionibus politicis partem habeant, nisi iudicio competentis, ad normam can. 139§ 2 auctoritatis ecclesiasticae, Ecclesiae utilitas autbonum commune id requirat »*[197] et dans le schéma de 1980 au canon 148 § 2 *« Activitam in factionibus politicis ne partem habeant, nisi iudicio competentis, ad normam can 148 § 2 auctoritatis ecclesiasticae, Ecclesiae utilitas aut bonum commune id requirat »*[198]. Dans ces schémas, on exigeait la permission du Saint Siège dans les lieux ou l'interdiction pontificale est en vigueur. Dans les autres lieux, en ce qui concerne les prêtres et les diacres, il faut l'autorisation aussi bien de leur Ordinaire propre que de l'Ordinaire du lieu où a lieu l'activité politique. Notre canon parle seulement « *de competentis auctoritatis* ». Il est raisonnable d'interpréter autorité ecclésiastique compétente en ces termes[199].

Ce parcourt nous permit se voir que notre canon n'est pas sorti du néant. Non seulement les rédacteurs sont partis de la tradition millénaire de l'Église, mais, aussi se sont laissés guider par le souci de fidélité au Concile Vatican II.

---

196 Traduction: R. NAZ, éd. *Traité de droit canonique*, I, p. 306.

197 Comm. 16 (1984) p. 183.

198 *Comm.* 14 (1982), p. 83.

199 Cf. J. E. LYNCH, *Chapter III, The obligations and Rights of Clerics, (cc. 273-289)*, in: *New Commentary on the Code of Canon Law,* commissioned by THE CANON LAW SOCIETY OF AMERICA, New-York, 2000, p. 380.

C) L'analyse du Canon 287 § 2

Ce canon tel qu'élaboré, s'applique aux clercs, i.e. les diacres, les prêtres et les Évêques. Toutefois, au canon 288, nous nous rendons compte qu'il ne s'applique pas à tous les diacres, les diacres permanents n'y étant pas ordinairement soumis: « *Diaconi permanentes praescriptis cann. 284, 285, §§ 3 et 4, 286, 287, § 2 non tenentur, nisi ius particulare aliud statuat* » [200] . Ils peuvent donc être considérés come non destinaires de la norme du canon 287 § 2 sauf disposition particulière.

Les dispositions du canon que nous analysons contiennent et de prohibitions et des exceptions. Les prohibitions s'énoncent en ces termes : « *in factionibus politicis atque in regendis consociationibus syndicalibus activam partem ne habeant* »[201].

- Parcourant le Code on ne trouve que deux fois l'expression "*Factio politica*[202]. L'expression parti politique fait souvent référence à un groupe de personnes partageant les mêmes intérêts, les mêmes opinions, les mêmes idées. Ce groupe de personnes, qui s'associent dans une organisation, a généralement pour objectif de se faire élire, d'exercer le pouvoir, de mettre en oeuvre un projet politique ou un programme commun. Et c'est cet objectif d'obtenir le contrôle de l'appareil gouvernental, de gouverner en vue de réaliser leur vision sociétaire et de promouvoir leurs adhérents qui distinque les partis politiques d'autres organisations comme les groupes de pression, les corporations ou les syndicats[203]. Il ne s'agit donc pas de n'importe quel groupe ou association, mais d'une association dont les conditions (statut, existence, constitution, finalité et activités) lui permettent de se présenter aux élections, de prendre part aux élections électorales, avec ses propres candidats, demandant pour eux le vote du peuple par les campagnes électorales[204].

---

[200] Cf. *CIC*, can. 288 : « *Les diacres permanents ne sont pas tenus aux dispositions des cann. 284, 285 §§ 3 et 4, 286, 287, § 2, à moins que le droit particulier n'en dispose autrement* ». En examinant les Législations de certaines Conférences épiscopale, on se rend compte que sur 73, seule deux Conférences épiscopales (Gambie-Liberia-Sierra Leon, Guatemala) ont étendu cette cerme aux diacres permanents cf. J. MARTIN DE AGAR-L. NAVARRO, *Legislazione delle Conferenze episcopali complementare al CIC*, Roma, 2009, p. 403-503.

[201] Ils ne prendront pas une part active dans les partis politiques ni dans la direction des associations syndicales. (Latraduction est nôtre)

[202] Dans les canons 287 § 2 et 317 §4 ; X OCHOA, *Index verborum ac locutioneum codicis iuris canonici*, Roma 1984, p. 175 mentionnait au lieu de 287 par 2, mentionnait le can. 291 par 2.

[203] Cf. G. GRILLO, *partito politico*, in: *Manuale disociologia*, Vigodarzere (Pd), 1993, p. 19.

[204] Cf. D. SEQUIERA, *Os presbiteros diocesanos e o seu envolvimento na politica: proibição e excepção. Estudo historico- canónico- teológico*, Roma 2004, p. 293-294.

Et la participation à la vie d'un parti politique peut se faire de plusieurs manières. Elle comporte une variété d'activités. Elle va du fait d'être au parfum des situations politiques à la recherche de l'obtention de voix électorales par la compagne électorale, en passant par le vote, la préparation et la discution politique sur les intérêts du parti, le contact permanent et continu avec les dirigeants du parti ou le soutient (ostentatoire ou non) à une faction ou à un cadidat. Elle peut se faire aussi en s'impliquant dans la vie du parti par une simple inscription aux activités ordinaires ou aux activités de direction ou en prenant activement part aux défilés politiques en faveur du parti, ou en occupant des postes politiques ou en en assumant un rôle de direction[205].

Le clerc ne peut donc participer à la vie du parti que comme simple partisan, puisque l'énoncé de notre canon de l'interdit pas. Il interdit plutôt une activité active dans un parti politique.

- Le second volet des interdictions fait référence à « *regendis « consociationibus syndicalibus »*[206]. Un syndicat est une association de travailleurs qui usent de leur droit d'association, en se mettant ensemble en vue de la défense de leurs intérêts professionnels communs[207]. Contrairement aux partis politiques, les syndicats ne poursuivent pas la prise de pouvoir. Leur but est simplement la protection et la défense des droits des travailleurs, l'amélioration de leurs conditions de travail et de leur niveau de vie. Et pour parvenir à leurs buts, les syndicats ont à leur disposition un panopli de moyens. Ces moyens vont de l'éducation aux négociations avec les employeurs en passant par des manifestations comme les grêves, les pétitions et les siting[208].

Aux termes du canon 278 §1[209], les clercs comme tout homme, jouissent du droit d'association. Ils peuvent donc en user pour former des associations entre eux[210], ou avec d'autres laïcs[211]. Toutefois, il faut signaler que ce droit n'est pas sans limites. Les obligations

---

[205] Idem.

[206] « *ni dans la direction des associations syndicales* ».

[207] Cf. IOANNES PAULUS PP II, Lit. enc.: *Laborem exercens*, n. 20, 1981 sept. 14, in : *AAS*, 73 (1981) 629.

[208] Cf. Cf. IOANNES PAULUS PP II, *Laborem exercens*, n. 20,

[209] *CIC*, can. 278, §1. *Ius est clericis saecularibus sese consociandi cum aliis ad fines statui clericali congruentes prosequendos.*

[210] *CIC*, can. 302 : « *Christifidelium consociationes clericales eae dicuntur, quae sub moderamine sunt clericorum, exercitium ordinis sacri assumunt atque uti tales a competenti auctoritate agnoscuntur»*.

[211] *CIC*, can. 298 : « §1. *In Ecclesia habentur consociationes distinctae ab institutis vitae consecratae et societatibus vitae apostolicae, in quibus christifideles, sive clerici sive laici sive clerici et laici simul, communi*

de l'état clérical[212] lui en imposent. Il ne peut donc pas prendre part à n'importe quelle association. Il doit prendre ses distances vis à vis des associations dont le but ou l'action sont incompatibles avec les obligations de son état ou peuvent être d'entrave au bon accomplissement de sa charge à lui confiée par l'autorité ecclésiastique :

> « *§3. Clerici abstineant a constituendis aut participandis consociationibus, quarum finis aut actio cum obligationibus statui clericali propriis componi nequeunt vel diligentem muneris ipsis ab auctoritate ecclesiastica competenti commissi adimpletionem praepedire possunt »*[213].

Il ne peut donc pas faire partie des associations qui poursuivent des finilités politiques, ni prendre la direction des associations syndicales. Il doit éviter toute activité qui pourrait aussi réduire son ministère sacré à une profession ou à un métier comparable aux fonctions ou métiers profanes[214]. La norme n'interdit pas au clerc de s'inscrire dans un syndicat s'il appartient à une catégorie de travailleurs ou d'intervenir pour soutenir les travailleurs dans la défense de leur droit.

«...Nisi iudicio competentis auctoritatis ecclesiasticae, Ecclesiae iura tuenda aut bonum commune promovendum id requirant »[215] pouvons-nous lire dans la deuxième partie du paragraphe 2 du canon 287. Dans le canon 287 § 2, le Législateur admet donc des exceptions à cette interdiction. Et pour cette exception, le Législateur fixe des conditions :

« ...iudicio competentis auctoritatis ecclesiasticae »[216], Il s'agit du jugement de la personne qui est revêtue de l'autorité dans l'Église catholique. Et selon la doctrine catholique: *«A parte la Santa Sede, l'autirità competente a cui spetta il giudizio è sia l'ordinario proprio del chierico sia l'oridinario del luogo nel quale egli svolge la sua opera*

---

opera contendunt ad perfectiorem vitam fovendam, aut ad alia apostolatus opera, scilicet ad evangelizationis incepta, ad pietatis vel caritatis opera exercenda et ad ordinem temporalem christiano spiritu animandum ».

212 Cf. *CIC*, cann. 273-277.

213 *CIC*, can. 278 § 3. «*Les clercs s'abstiendront de fonder des associations dont le but ou l'action sont incompatibles avec les obligations propres à l'état clérical, ou peuvent entraver l'accomplissement diligent de la charge qui leur a été confiée par l'autorité ecclésiastique compétente ; ils s'abstiendront aussi d'y participer*».

214 Cf. SACRA CONGREGATIO CLERICII, Decl.: *De quibusdam associationibus quae clericis prohibentur*, 1982 mar. 8, in: *AAS* 74 (1982) 642-645.

215 « A moins que, au jugement de l'autorité ecclésiastique compétente, la défense des droits de l'Église ou la promotion du bien commun ne le requièrent » ; (la traduciton est nôtre).

216 « Au jugement de l'autorité ecclésiastique compétente » ; (la traduciton est nôtre).

politica o sindicale»[217]. Cela nous amène à soutenir que dans ces cas de figures, l'autorité ecclésiastique compétente des clercs séculiers ou des diacres en vue du sacerdoce, serait l'Evêque diocésain ou l'Ordinaire propre du clerc ; et pour les clercs membres d'Institut Religieux ou d'une Société de Vie Apostolique de droit pontifical, l'autorité compétente serait le Supérieur majeur[218]. Pour les Évêques diocésains ou équiparé, l'autorité compétente serait le Saint siège.

Toutefois, selon l'interprétation stricte que fait le document final de *Utimis temporibus*, l'autorité compétente pour les prêres est l'Evêque du lieu où le prêtre exerce son ministère pastoral[219]. Pour l'engagement actif du clerc en politique ou dans la direction d'une association syndicale, il faut le jugement de l'Evêque du lieu où il exerce son ministère. L'Evêque étant le premier responsable de la pastorale sur son territoire est supposé mieux connaître ce qui s'y vit et donc à même de juger de la nécessité et de l'utilité de cet engament. Même le clerc religieux, l'autorité compétente est l'Evêque du lieu où il se trouve ; toutefois, il lui faut au préalable avoir aussi l'autorisation des son Supérieur compétent. C'est à l'Évêque du lieu qu'il se trouve qu'il revient de juger et de la nécessité de défendre le droit de l'Église et de promouveoir le bien commun.

Pour pouvoir donner son jugement, le Légilateur donne deux critères à l'autorité comptétente :

« ...Ecclesiae iura tuenda ». La défense des droits de l'Église dont le fondement est non seulement de droit naturel- *ubi societas, ibi ius*-, mais aussi de droit divin. L'Église étant une société parfaite fondée par Jésus, son divin fondateur[220] ces droits sont liés à la nature même de l'Église. De part l'existence même de l'Église -fondée par la volonté du Christ- et vu que de part sa fondation, elle est ordonnée en ce monde comme une société ayant son caractère et sa structure propres indépendemment de toute concession, ces droits lui sont natifs. Ces droits natifs lui donnent d'être indépendante vis-àvis du pouvoir civil, de ne pas être soumise aux lois et au contrôle de l'État[221]. Ainsi donc en vertu du droit natif, non

---

[217] L. CHIAPETTA, *Il codice di diritto canonico. Commento giuridic pastorale*, I, n. 1640, 403. Il s'agirait à part le Saint Siège, de l'Ordinaire propre du clerc ou de l'Ordinaire du lieu où il entend mener l'activité politique ou syndicale.

[218] Cf. *CIC*, can. 620.

[219] Cf. *UT* II, n. 2.

[220] Cf. D. A. PAVISIC, *I diritti nativi della Chiesa*, Roma, 2008, p. 15.

[221] D. LE TOURNEAU, *Los derechos nativos de la Iglesia, Independientes del poder civil*, in *Ius canonicum* 37 (1992), p.601-602.

seulement le Pontife Romain a le droit de nommer des légats auprès des Églises particulières, des États et organismes internationaux[222], mais aussi l'Église a le droit d'éduquer et de former ceux qui sont destinés au ministère sacré[223], dans le domaine de l'éducation[224], de prêcher l'Évangile en utilisant ses moyens de communication sociale[225], d'avoir des propriétés[226], d'exiger de ses fidèles ce qui est nécessaire à ses fins[227], de connaître les causes qui regardent les choses spirituelles et la violation des lois ecclésiastiques[228], et même d'imoser des peines[229].

Tous ces droits, participent à la réalisation de la mission de l'Église et doivent non seulement être protégés, mais aussi défendus contre toute tentative de les nier ou de soumettre leur exercice à des conditions. Dans de telles circonstances, le clerc est autorisé à mener une action active en politique ou dans la direction d'associations syndicales pour les défendre.

«...bonum commune promovendum». Le premier rôle de la politique est la gestion de la cité dans le concret, i.e., la sauvegarde de la coexistence entre les gens et du bien commun entendu comme : « *...summam eorum vitae socialis condicionum quae tum coetibus, tum singulis membris permittunt ut propriam perfectionem plenius atque expeditius* consequantur »[230], ou comme *«...summam complectitur earum vitae socialis condicionum, quibus homines, familiae et consociationes, suam ipsorum perfectionem plenius atque expeditius consequi possint* »[231]. Cet ensemble de conditions sociales, non seulement permettent, tant aux groupes qu'à chacun de leurs membres d'atteindre leur perfection d'une façon plus totale et plus aisée[232], mais aussi la réalisation du vivre en commun. Et comme le

---

[222] Cf. CIC, can. 362

[223] Cf. *CIC*, can. 232.

[224] Cf. *CIC*, cann. 794 § 1 800§ 1.

[225] Cf *CIC*, Can. 747§1.

[226] Cf. *CIC*, can. 1254 §1.

[227] Cf. *CIC*, can. 1260.

[228] Cf. *CIC*, can. 1401.

[229] Cf. *CIC*, can. 1311.

[230] *GS* 26. « c'est-à-dire cet ensemble de conditions sociales permettant, tant aux groupes qu'à chacun de leurs membres, d'atteindre leur perfection d'une façon plus totale et plus aisée» (la traduction est nôtre)

[231] *GS* 74. « Le bien commun il comprend l'ensemble des conditions de vie sociale qui permettent aux hommes, aux familles et aux groupements de s'accomplir plus complètement et plus facilement » ; (la traduction est nôtre)

[232] Cf. PONTIFICIUM CONCILIUM DE "IUSTITIA ET PACE", *Compendium de la doctrine sociale de l'Église*, n. 164, Città del Vaticano, 2005.

soulignait la Congrégation de la Doctrine de la foi, le vivre en commun inclut: *«La promozione e la difesa di beni, quali l'ordine pubblico e la pace, la libertà et l'ugualianza, il rispetto della vita umana et dell'ambiente, la guistizia, la solidarietà, ecc »*[233].

Ce bien commun qui doit être promu et défendu, réside dans le respect des droits et des devoirs des membres de la communauté, de la personne humaine[234], droits et devoirs qui doivent être défendus et promus[235]. Il se déploie non seulement dans le bien de la communauté qui peut être entendu comme la somme des biens privés et publics, martériels et moraux, qu'intègre une société donnée, en d'autres termes, sa propriété, mais aussi dans la communauté de biens qui est constituée par la participation illimitée à tout bien possible qui est reconnu à l'individu sous forme de droits : droits universels et droits de l'homme comme tels[236]. Ces deux aspects du bien commun sont tellement intimement liés entre eux au point que leur relation fait apparaitre un troisième aspect qu'est le bien de la communion[237].

Le bien commun apparait tellement essentiel que non seulement le préambule de toutes les constitutions des États démocratiques y font référence, mais aussi toute politique y tend comme sa fin ultime. S'il arrive donc que ce bien commun n'est plus garanti par un État, le ministre sacré a alors le devoir d'intervenir dans la politique pour le promouvoir. Il ne peut, en toute conscience, rester à la sacristie, limitant sa pastorale aux clébrations des sacrements et sacramentaux… La dénonciation de cette situation devient pour lui un devoir et son intervention doit tenir compte des circonstances. Il peut donc être dispensé de son devoir de réserve.

---

233 CONGREGATIO PRO DOCTRINA FIDEI, Not. dot.: *L'impegno del cristiano e il comportamento dei cattolici nela vita politica,* n. 1, 2002 nov. 24, de christifidelium rationibus in publicis negotiis gerendi, in: *AAS,* an. 96 (2004), p. 359-370. «Ce bien commun prend en compte la défense et la promotion de réalités telles que l'ordre public et la paix, la liberté et l'égalité, le respect de la vie humaine et de l'environnement, la justice, la solidarité »; (la traduciton est nôtre).

234 Cf. IOANNES PAPA XXIII, *Pacem in terris*, n. 273,

235 Cf. IOANNES PAPA XXIII, *Pacem in terris*, n. 275.

236 Cf. G. FESSARD, *Autorité et bien commun*, Paris 1944. p. 54-55.

237 Id p.77.

IV. La Portee du canon 287 §2

A) La situation du prêtre face à la politique

Comme souligné, la lecture du canon 287 § 2 ne peut pas être faite en dehors de celle des canons précédents et surtout du canon 285 qui, lui, interdit les offices publics. Il ne peut se comprendre clairement que quand on le situe dans l'ensemble des canons qui définissent non seulement les droits[238] et les obligations[239] des prêtres et, plus spécialement en ce qui nous concerne, ce qui leur est défendu[240] avec des recommandations[241]. Tous ces canons s'inscrivent dans la ligne des canons qui se réfèrent à ce qui est digne et convient à l'état de clerc. Le canon 287 §2 pose une autre restriction que, je dirais, complète celles du canon 285, en l'éclairant tant en ce qui concerne son domaine que ses conditions, en sanctionnant que les clercs ne prendront notamment pas de « part active » dans les partis politiques, ni dans la direction d'associations syndicales, sauf si la « *défense des droits de l'Église ou la promotion du bien commun* » le requièrent, au jugement de l'autorité ecclésiastique compétente. Il s'agit ici de la compétition politique dans laquelle il est demandé aux clercs de ne pas s'engager, sous une prohibition moins stricte que celle de l'exercice du pouvoir civil.

Ces canons ont pour objet de configurer de manière particulière le style de vie des prêtres, fixant des limites à ne pas franchir. Ils posent avant tout un principe général en passant de ce qui ne convient pas, i.e., « incorrect », en se situant sur le terrain de la convenance à « ce qui est étranger » à l'état clérical. Le ministère consacré doit demeurer ce qu'il est, sans basculer dans la laïcisation. Notre canon 287 § 2 sanctionne de manière claire l'interdiction faite au prêtre de participer in *factionibus politicis atque in regendis consociationibus syndicalibus*. Même si sa mission est de servir la vérité et la justice en leur dimension temporelle et humaine, il ne doit jamais perdre de vue que cela doit se faire dans la perspective de la *salus animarum*[242]. Et cette interdiction touche l'aspect politique (285 §3 ; 287) quand celle des canons 285 § 4 et 286 touchent l'aspect économique, ~~et~~ le 289§ 1 l'aspect militaire et le 285 §§1-2 l'aspect social de la vie. La priorité de sa spéciale mission

[238] *CIC*, cann. 278; 281.

[239] Cf. *CIC*, cann. 273- 277; 279; 282-283.

[240] Cf. *CIC*, cann. 285-289.

[241] Cf. *CIC*, cann. 280.

[242] Cf. Ioannes-Paulus Pp II, Ep.: *Novo incipiente,* 1979 apr. 8, ad universos Ecclesiae sacerdotales, adveniente feria V in cena Domini, in: *AAS* 71(1979) p. 404; Disc.: *Non ci sono,* al Clero romano, 1978 nov. 9, in: *OR,* an .128 (1978), n. 259 (10 nov.), p. 1-2.

doit imprégner toute son existence. Il ne doit jamais perdre de vue cette mission. C'est ce qui peut lui permettre, avec une grande confiance et avec une expérience renouvelée des choses de Dieu, de devenir effectivement et joyeusement capable d'annoncer ces choses aux hommes comme ils l'attendent[243]. Il n'est pas superflu de rappeler qu'aussi bien l'interdiction du canon 285 qui empêche les clercs d'avoir des offices publics que la restriction du canon 287§ 2 par rapport aux activités politiques sont basées sur le rôle distinctif des clercs par rapport aux laïcs. De manière ordinaire, les activités politiques sont du domaine des laïcs[244] et il revient aux prêtres de se préoccuper de la maturité des laïcs et de les valoriser dans les domaines qui leur sont propres[245].

Avant de passer à toute interdiction, le canon 287, en son premier paragraphe, rappelle le devoir du prêtre de promouvoir la paix et la concorde entre les hommes en s'y engageant vraiment. Il met en exergue la responsabilité des prêtres de promouvoir l'unité dans la communauté. Leur ministère doit être destiné à tous les croyants et non seulement aux membres du parti politique ou de l'union syndicale. La paix et la concorde dont ils se doivent d'être promoteurs doivent se fonder sur la justice et en premier lieu, sur le respect et la protection des droits fondamentaux de la personne humaine. Il faut rappeler le pape Jean XXIII qui liait la construction de la paix à la justice[246].

Partant de la prescription du premier paragraphe de notre canon, on comprend aisément l'intention du Législateur quand il sanctionne l'interdiction du second paragraphe, même si cette raison n'est pas l'unique ni la principale. Le canon 287 § 2 qui interdit l'engagement actif dans la politique aux clercs a cette caractéristique d'être moins catégorique et absolu dans la formulation de la restriction que celle qui leur est faite d'avoir des offices publics, (même s'il peut y avoir une dispense) du paragraphe 3 du canon 285[247]. En norme de principes, il ne leur est pas interdit d'appartenir à ces organisations, mais plutôt de jouer un rôle actif dans les partis politiques ou de diriger ces unions syndicales[248].

---

[243] Cf. J. I. O'CONNOR, sj, *The canon Law Digest officially Published Documents Affecting the Code of Canon Law* 1968-1972, vol. VII (1934), Canon Law Society of America, 2000, p. 357.

[244] Cf. J. I. O'CONNOR, sj, *The canon Law Digest,* vol. VII, p. 356.

[245] Cf. Id.

[246] Cf. IOANNES PP, XXIII, *Pacem in terris*, n. 163 ; 167.

[247] Cf. *New Commentary on the Code of Canon Law,* p.380.

[248] Cf. Id.

B) L'interdiction de l'engagement actif en politique et de la direction des associations syndicales

Le prêtre n'est pas seulement un citoyen, un membre de la communauté politique. Il est aussi un membre, et plus, un ministre de la communauté ecclésiastique. Et comme tel, plus que tout autre fidèle, il est à un titre supplémentaire et spécial, sujet de l'autorité ecclésiastique. Il revient, par conséquent, à l'autorité ecclésiastique de déterminer concrètement les conditions de vie du prêtre, en rapport à sa consécration et à sa mission au sein de l'Église [249].

En vertu de son ordination, le prêtre est investi d'une mission surnaturelle envers tous les hommes et se trouve ainsi au-dessus des partis. Par son rôle de serviteur de l'Evangile, le prêtre doit être signe de paix, de non-violence pour un monde de paix. Il est appelé à être signe de communion entre les hommes aussi bien les chrétiens qu'il est appelé à guider comme pasteur que les non chrétiens qu'il est appelé à évangéliser. Le canon 287, dans son premier paragraphe, prend soin de rappeler cette dimension de sa vie et de sa mission. Sous l'autorité de l'Evêque, il continue la mission des Apôtres qui se sont voulus eux-mêmes fidèles imitateurs du Christ[250] qui, pour la liberté de la foi et l'authenticité de la politique, a voulu une distinction fondamentale entre sa communauté et la communauté politique. Il n'a jamais voulu s'engager dans un mouvement politique et a toujours fui les tentatives visant à l'impliquer dans des questions et affaires terrestres[251]. *« Mon règne n'est pas de ce monde »*[252] ou bien *« Rendez à César ce qui est à César et à Dieu ce qui est à Dieu »*[253], disait-il. Il n'a pas voulu que son message et sa mission soient situés sur le terrain politique, ni qu'ils soient classés dans une catégorie donnée[254]. Les prêtres doivent donc le suivre et l'imiter dans cette option.

Comme pour le Christ, cette volonté peut et doit entraîner pour le prêtre des obligations de nature morale et spirituelle qui l'amèneront à renoncer à l'exercice de certains

---

[249] Cf. *UT* 24.
[250] Cf. *Pastores dabo vobis,* n. 46.
[251] Cf. *Jn.* 6,15.
[252] *Jn.* 18, 36.
[253] *Mt.* 22, 21.
[254] Cf. R. MINNERATH, *Jésus et le pouvoir*, Paris 1987, p. 146.

droits légitimes en soi. Cette renonciation est pour l'avantage des hommes qu'il s'est engagé à sauver en Jésus et dans l'Église [255]. En effet :

> *« Le Salut universel par la foi et la proximité du Royaume de Dieu pour les hommes sont des grandeurs qui transcendent toutes les aspirations nationales ou ethniques, si légitimes soient-elles dans leur propre domaine »*[256].

Dans l'exercice de ses droits politiques, le prêtre a donc des limites qu'ordinairement il ne peut franchir sans compromettre le caractère transcendantal de sa dignité et de sa mission, ni la promotion de la communion de tous les hommes en Jésus-Christ. Et ces limites constituent, il faut le reconnaître, la ligne de discrimination entre ce qui appartient ordinairement et originairement aux clercs et ce qui appartient en propre aux laïcs[257]. Aux clercs appartient premièrement et avant toute chose l'œuvre de sanctification et de Salut[258] et aux laïcs appartient l'organisation de la communauté socio-politique[259]. Ce que le disait le pape François à un groupe de la Commission pontificale pour l'Amérique latine est d'autant encore plus vrai et valable pour le prêtre :

> *«Non ogni cristiano ha vocazione politica, né il canale politico è l'unico a portare a un compito di giustizia. Ci sono anche altri modi di tradurre la fede in un lavoro di giustizia e di bene comune. Non si può esigere dalla Chiesa o dai suoi simboli ecclesiali che si convertano in meccanismi di attività politica»*[260].

Alors, pour la liberté de la foi et de son enseignement, pour pouvoir bien jouer son rôle, il est normal que le prêtre, continuateur de la Mission du Christ, s'occupe essentiellement de ce qui relève de la compétence de sa mission. La vocation du prêtre n'est pas une vocation politique. C'est la raison pour laquelle la tradition séculière de l'Église interdit aux prêtres de briguer des offices séculiers[261], même si, de cette même tradition, émergent des exceptions[262]. Pour justifier l'interdiction faite aux clercs d'avoir des offices séculiers, on se réfère à la *Deuxième lettre de Saint Paul à Timothée* où Saint Paul demande

---

[255] Cf. *UT* 21.

[256] R. MINNERATH, *Jésus,* p. 146.

[257] Cf. G. CONCETTI, *il presbitero*, p. 656.

[258] Cf. *LG* 31; *GS* 42; *PO* 2-6; *UT* 15-20.

[259] Cf. LG 31; GS 43; *AA* 7; *UT* 20; SYNODUS EPISCOPORUM «a.1971», *Convenientes ex universo de iustitia in mundo,* 1971 nov 30, n. 15, Romae, in: *AAS,* an. 63 (1971), p. 923-942.

[260] FRANCISCUS PP, Disc.: *Ringrazio il Cardinale,* 2019 mar. 4, A un gruppo di giovani leader dell'America latina, in: *OR*, an. 159 (2019), n. 53 (4-5 mars) p12.

[261] Cf. *CIC-1917*, can. 139-141.

[262] Cf. *Decr. Grat.* pars 2, causa 21, qu. 3, can, 1; J. H. PROVOST, *Clergy and religious in political office comments in the American context,* in: *The Jurist,* vol. 44 (1984), p. 276.

que personne ne s'encombre des affaires de la vie civile, s'il veut donner satisfaction à qui l'a engagée[263]. Cette interdiction, exceptées les dispositions du canon 288, ne peut se justifier doctrinalement et pleinement qu'à la lumière de l'ontologie même du sacerdoce ministériel et par conséquent, par la mission des ministres sacrés. Ils sont ministres du Christ et dispensateurs des mystères de Dieu[264], *« ad Evangelium praedicandum fidelesque pascendos et ad divinum cultum celebrandum consecrantur »*[265]. Ce canon, comme nous pouvons le noter, prend son fondement dans le document conciliaire *Presbyterorum Ordinis* qui rappelle :

> *« Par leur vocation et leur ordination, les prêtres de la Nouvelle Alliance sont, d'une certaine manière, mis à part au sein du Peuple de Dieu ; mais ce n'est pas pour être séparés de ce peuple, ni d'aucun homme quel qu'il soit ; c'est pour être totalement consacrés à l'œuvre à laquelle le Seigneur les appelle »*[266].

En fait, il doit être libre de tout attachement ou engagement qui pourrait porter préjudice à sa mission et à sa vocation.

On comprend alors l'avertissement spécial qui fut envoyé aux Evêques italiens dont les prêtres étaient impliqués en politique, leur demandant d'ordonner à ces prêtres de s'abstenir de toute implication en politique[267]. Car, souligne la lettre, même s'ils ont un droit personnel à la politique, du fait de leur position publique dans l'Église, ils doivent être neutres dans les questions politiques.

Il est vrai que l'engagement des prêtres et des religieux en politique n'était pas la préoccupation principale du concile Vatican II. Toutefois, un effort de clarification de la distinction entre clercs et laïcs, sur la base de l'implication du laïc dans les choses séculières, a été réalisé. Il demeure admis que le prêtre peut être légitimement engagé dans les choses séculières[268]. Rappelons, en passant, qu'au moment du grand Concile, beaucoup de prêtres avaient commencé par avoir dans leurs ministères une certaine ouverture d'esprit en ce qui

---

[263] Cf. *2 Th.* 2, 4.

[264] Cf. *I Cor.* 4, 1.

[265] *LG* 28.

[266] *PO* 3. *« Presbyteri Novi Testamenti, vocatione quidem et ordinatione sua, quodam modo in sinu Populi Dei segregantur, non tamen ut separentur, sive ab eo, sive a quovis homine, sed ut totaliter consecrentur operi ad quod Dominus eos assumit »*

[267] Cf. SECRETARIUS STATUS, *Epistula,* 1922 oct. 2, ordinariis Italiae, in: *Leges Ecclesiae post Codicen iuris caninici editae*, vol. I, Roma, 1967, col. 499.

[268] Cf. *LG* 31.

concerne les problèmes de justice qui ont marqué les enseignements du Concile[269]. L'augmentation de l'activisme des prêtres, en différentes parties du monde, a conduit à une réflexion sur la question au Synode des Evêques de 1971. Sans pour autant constituer une loi en soi, les documents du Synode ont reconnu le droit des prêtres à une opinion personnelle. Toutefois, devant la contingence des options politiques, le Synode les appelle à garder une certaine distance par rapport à la politique. Cela ne signifie pas qu'un prêtre ne peut pas avoir ses idées, ses opinions et ses préférences politiques. Il doit avoir la souplesse d'esprit pour savoir que ses opinions ne sont pas les seules légitimes et ne peut les présenter comme telles[270]. Ses idées, opinions et préférences ne doivent pas dépasser les limites de la sphère privée pour devenir un choix public de parti, choix pouvant compromettre sa position de signe valide d'unité et conditionner sa fonction d'annonciateur de l'Evangile dans sa plénitude. Il a alors l'obligation de s'abstenir de l'exercice de ce droit[271]. Cette obligation permet non seulement de sauvegarder la liberté de choix des fidèles dans le champ politique, mais aussi de ne pas être une occasion de division et de scission entre les membres de la communauté chrétienne. Il ne doit pas se servir de son office ou des actes de son ministère pour prendre une position ouverte ou faire de la propagande pour un parti politique ou un candidat ou un système de gouvernement. La religion ne doit en aucun cas être instrumentalisée à des fins politiques.

Sa tâche est de paître le troupeau qui lui a été confié, mission de service du peuple chrétien[272]. Il ne doit pas renoncer à la voie que le Seigneur a choisie pour éduquer les foules. C'est en assumant pleinement la mission que l'Église lui a confiée, qu'il trouvera son identité. Il doit toujours tenir compte de l'exemple du Christ, de ses directives sur la disponibilité des Apôtres et de la façon dont ces derniers les ont comprises. Il ne doit pas non plus oublier la longue expérience de l'Église où la fonction pastorale est le pôle de la vie du clerc[273].

Le prêtre doit se consacrer entièrement à son ministère pastoral. Sa meilleure façon d'être ministre du Christ est d'être témoin d'une autre vie que celle terrestre[274]. A cause de

---

[269] Cf. J. H. PROVOST J. H. *Clergy and religious*, p.290.

[270] Cf. *UT* Part II, 2.

[271] Cf. Id.

[272] Cf. CONGREGATIO PRO CLERICIS, Lett. circ.: *Il presbitero, maestro della Parola,* n. 3 et 4.

[273] Cf. R. COSTE, *La responsabilité,* p. 230.

[274] Cf. CONGREGATIO PRO CLERICIS, *Il presbitero, maestro,* n. 3.

son ministère qui est un ministère d'unité et de service de tous, le prêtre doit fuir toute profession de foi politique qui peut être préjudiciable à son approche des hommes, indépendamment des sympathies politiques[275]. Sa mission transcendantale et universelle l'en empêche. Un parti politique demeure un parti, c'est-à-dire, une partie, une fraction de la population et donc un mode d'interprétation des exigences de la société et de son organisation. Or, le prêtre ne peut pas se mettre au service d'un groupe, d'une partie, en vue de poursuivre un but politique. Il est appelé au service de tout le peuple de Dieu et doit, par conséquent, promouvoir l'unité du genre humain dans le Christ et dans son Église[276]. Comme serviteur de l'Église, et en raison de son universalité et de sa catholicité, le prêtre ne peut se lier à aucune contingence historique. Il doit rester au-dessus de n'importe quel parti politique. Ces choses peuvent mettre en danger la communion ecclésiale[277]. De plus, le christianisme est une religion transcendantale, destinée à tous les hommes. Il ne doit pas être identifié à un parti, ni être instrumentalisé à des fins politiques.

Raison pour laquelle, en réponse aux Évêques qui se sont adressés à elle, la Sacrée Congrégation pour les Clercs a déclaré inconciliable avec le statut clérical l'appartenance des clercs à des associations qui se proposent une finalité politique. Elle écrivait, en effet :

> *«Profecto cum statu clericali componi nequeunt, et ideo omnibus clericis prohibentur, illae clericorum associationes etsi civiliter tantum erectae vel constitutae, quae fines prosequntur directe vel indirecte, aperte vel occulte, ad rem politicam attinentes, quamvis externe appareant uti fines persequentes humanitatis, pacis vel progressionis socialis fovendae »*[278].

Le champ politique est extrêmement contingent et relatif. N'importe quel choix, même le plus illuminé et le plus sage, n'est pas en mesure d'interpréter dans son ensemble et de façon satisfaisante l'Evangile. Le clerc a le devoir de témoigner des réalités futures, qui sont indiquées comme essentielles et primordiales par l'Evangile[279]. Il se doit donc d'être libre et disponible envers tous pour assumer sa charge de pasteur. Plus il sera étranger aux affaires politiques, plus rayonnera son image transcendante et celle de l'Église, et plus sa

---

[275] Cf. *UT*, part II, 2 ; *CIC*, can.287 §§ 1-2.

[276] Cf. G. CONCETTI, *Il presbitero*, p. 662.

[277] Cf. CONGREGATIO PRO CLERICIS, *Direttorio per il ministero e la vita dei presbiteri*, 11 feb. 2013, n. 44, in: *EV*, 29 (2013), n103-259; *Quidam Episcopi* 2.

[278] *Quidam episcopi*, 3: «Il ne fait pas de doute, ces associations de clercs , mêmes celles érigées seulement au plan civil qu directement ou indirectement, de manière publique ou secrète poursusivent des finalités politiques, même si elle se présentent extérieurement comme voulant favoriser les idéaux humanitaires, la pais et le progrès social, sont inconciliables avec l'état clérical et donc interdites à tous les membres du clergé» ; (la traduction est nôtre).

[279] Cf. G. CONCETTI, *Il presbitero*, p. 662.

mission de Salut en faveur de tous les hommes, et même de ceux qui momentanément en sont loin ou y sont opposés, sera plus efficace[280]. Il pourra alors évangéliser la réalité politique sans parti pris, ni idéologie. L'Evangile doit être un message religieux, c'est le secret de son succès[281]. Comme pasteur, il lui revient d'assurer aux laïcs la formation adéquate, de créer, de maintenir et d'améliorer l'unité du peuple chrétien dans la fidélité à Jésus-Christ[282]. Mais il lui revient aussi de former les chrétiens à se mettre au service de toute la communauté des hommes, selon les exigences de la charité chrétienne, en remplissant leur rôle avec dignité[283].

Il est vrai que la politique ou l'activité syndicale sont en elles-mêmes louables et dignes. Elles permettent un meilleur vivre en société et la préservation du bien commun. Toutefois, elles sont étrangères à l'état clérical et peuvent donc constituer un grave danger de rupture de la communion ecclésiale[284]. L'Église est pour le service de tous, de l'annonce de l'Évangile à tous les hommes et est ouverte à tous. Cette attitude doit être la même pour le prêtre son ministre qui ne peut donc se lier à aucune contingence historique, mais doit se tenir au-dessus de tout parti politique. *« Il ne peut pas prendre une part active dans des partis politiques ou dans la direction d'associations syndicales »*[285].

Pour permettre une saine collaboration entre l'Église et l'État, le prêtre doit rester libre de toute implication politique qui rendrait la mission d'unification difficile. Rappelons qu'au Chili, au temps de la dictature militaire (1973-1989), fut créé un office spécial sous la responsabilité d'un Évêque. Cet office avait pour charge non seulement de protéger les persécutés mais aussi de documenter les cas d'abus et de torture et d'aider les persécutés à fuir à l'extérieur. Dans ces cas, comme on peut le noter, même si elle n'a pas eu une fonction politique explicite, l'Église chilienne a eu un rôle actif dans la défense des droits humains, en s'opposant à l'action du gouvernement dictatorial. Toutefois dans les années 1994 dans une intervention, la Conférence épiscopale du Chili a, dans un premier

[280] Cf. *U T* 21.

[281] Cf. *Quidam Episcopi,* n. 3.

[282] Cf. *GS* 43.

[283] Cf. *PO* 6.

[284] Cf. CONGREGATIO PRO CLERICIS, *Directorium Dives Ecclesiae pro Presbyterorum ministero et vita* 1994 mar. 31, n. 33, *in EV 14 (1994-1995), bologna 1997,750-917;* CONGREGAZIONE PER L'ÉVANGELIZZAZIONE DEI POPOLI, *Guida pastorale per i sacerdoti diocesani delle Chiese dipendenti dalla Congregazione per I Evangelizzazione dei Popoli*, 1989 ott. 1 in: *EV,* 11 (1988-1989), n. 2453-2548.

[285] CONGREGATIO PRO CLERICIS, *Directorium Dives,* 1994 mar. 31, n. 33 ; cf. *CIC,* can. 287, § 2 ; *Quidam Episcopi*, 3.

temps, rappelé au prêtre que son rôle direct n'est ni de prendre des décisions, ni de devenir chef de file, ni non plus d'élaborer des solutions, puis dans un second temps, a interdit formellement qu'au Chili le prêtre s'engage dans la politique des partis[286]. En 2005, à l'occasion d'une conférence de presse, Mgr. Louis Kébreau, président de la Conférence des Evêques d'Haïti, après avoir établi la distinction entre le rôle des clercs et des laïcs, rappelait, au nom de ses Pères Evêques, que la politique doit être l'apanage des laïcs, car la mission de l'Église consiste à conduire le peuple de Dieu dans la paix, la concorde, la justice et l'unité, tout en vivant l'option préférentielle pour les pauvres de manière inclusive. Il rappelait, en outre, que les prêtres sont destinés à rassembler tous les enfants de Dieu dispersés. Pour les Evêques d'Haïti -ce pays qui a fait l'amère expérience d'un prêtre en politique-, les chrétiens laïcs sont appelés à bien assumer leurs responsabilités et les prêtres doivent s'accrocher essentiellement à leur promesse sacerdotale en courant vers le but de leur vocation. Les Evêques Haïtiens disaient en substance :

> « *Comme le propose l'enseignement de l'Église et tel qu'il s'exprime dans le Droit Canon, sous peine de sanction grave ipso facto, aucun prêtre ne doit prendre aucune part active, en matière politique, soit dans les partis, soit dans les formations ou associations à caractère partisan*»[287].

En d'autres termes les prêtres sont invités à s'abstenir de devenir membre de groupements incompatibles avec l'État clérical, de participer aux campagnes électorales, de se porter candidat à quelque poste électif que ce soit et de postuler à des fonctions publiques. « *Aucun prêtre ne peut s'engager dans la politique, au nom de l'Église, ni non plus se servir de l'Église pour le faire* ». Pour les Evêques haïtiens,

> « *La loi canonique est claire et précise à ce sujet : Le prêtre doit s'attacher à son ministère sacerdotal en conformité avec les règles de l'Église dont il ne doit sous aucun prétexte s'écarter. Le prêtre est prêtre pour l'Église et non pour la politique* »[288].

Leur mot d'ordre était : « *Non à la participation des prêtres aux élections* !».

Dans le même sens de l'interdiction, on peut faire mention de la lettre d'admonition canonique de la Congrégation pour les Evêques à Monseigneur Fernando Lugo Méndez qui

[286] Cf. CONFERENCE EPISCOPALE CHILIENNE, *Le clergé et l'activité politique, lettre circulaire de l'épiscopat chilien aux Conseils presbytéraux et aux Supérieurs de congrégations religieuses*, in : *DC*, n. 1574 (1970 nov. 15), p. 1047.

[287] B. ROBENSON, *Conférence Episcopale d'Haïti/Pape Benoît XVI/Canon 285, Prêtre pour l'Église et non pour la politique*, 2005 avr. 21, in : *https://lenouvelliste.com/article/17333/pretre-pour-leglise-et-non-pour-la-politique, (20-12-2020).*

[288] Id.

voulait se présenter aux élections présidentielles du Paraguay, son pays. Après avoir rappelé les disposions canoniques[289] sur la question, la lettre disait :

«El encargo que se le pide asumir no es congruente con la misión sacerdotal y episcopal, la cual tiene como odjetivo fundamental la savación de las almas. Es verdad que la misión del Obispo comporta también su solicitud por los problemas humanos y sociales de la gente, pero en un modo coherente con el munus episcopal. El Obispo, en efecto, debe ser siempre fiel a su vocación y misión, conservando su identidad espiritual, eclesial y pastoral- también para ser instrumento de unidad y de concordia-, y no puede sustituir indebidamente a los laicos en la misión propia de éstos. Como Usted sabe, es propio de la misión de los laicos el perfeccionar el orden de la realidades temporales según el espíritu evangélico, trabajando así por instaurar el Reino de Dios en el mundo (Cf. LG., 31 AA2-4 ; GS 43 ; CIC, can. 225§ 2.).

La eventual aceptación de la invitación que se le ha hecho està, por tanto, claramente en contraste con la grave responsabilidad de un Obispo de la Iglesia Católica, llamado a promover y defender la unidad de la Iglesia, de su doctrina, culto y disciplina (Cf. can 375.)»[290].

La norme canonique en cette matière est claire. Elle fait référence à un engagement actif. Cet engagement actif doit s'entendre au-delà de la direction d'un parti politique. Elle inclut aussi l'inscription à un parti qui peut aussi porter préjudice au prêtre qui doit alors s'abstenir de le faire. De par sa mission il est appelé à être signe valide d'unité. Cette mission exige donc de lui de mettre une limite à la manifestation extérieure de sa préférence politique. C'est une exigence de son ministère que de renoncer à toute forme d'engagement politique afin de demeurer l'homme de tous en vue de la fraternité spirituelle[291]. Cette norme est universelle, valable pour tous les prêtres[292], qu'ils soient séculiers ou réguliers, sans distinction du lieu d'exercice de leur ministère. Les prêtres de l'Église catholique d'Orient aussi sont tenus par la même obligation.

« *In factionibus politicis atque in moderandis consociationibus syndicalibus activam partem ne habeant, nisi iudicio Episcopi eparchialis vel iure particulari ita ferente Patriarchae aut*

[289] Cf. *CIC,* cann. 285§3; 287§ 2.

[290] CONGREGATIO PRO EPISCOPIS, *Admonición canónica,* 2006 dic. 20, Cuidad del Vaticano, desde de la Congregación a Fernando Lugo Méndez, S.V.D. Obispo emérito di San Pedro (Paraguay), in: *http://www.zenit.org/article-22217?l=spanish,* (20-12-2020).

[291] Cf. IOANNES-PAULUS PP II, *Cat.: Il discorso*, Udienza Generale, 1993 lug. 28, n. 3: in *OR*, an. 172, (29 luglio 1993), p. 4.

[292] Le c. 383 du *CCEO,* rappelant le principe de l'égalité de droits civils et politiques des clercs avec tous les autres citoyens, pose, dans le 1°, la même interdiction que le c. 285 § 3 CIC. Le c. 384 § 1er CCEO reprend, pour sa part, les termes du § 2 du c. 287 CIC, au nom de la qualité de *« ministres de la réconciliation de tous dans la charité du Christ* » des clercs.

alterius auctoritatis iura Ecclesiae tuenda aut bonum commune promovendam id requirunt».[293].

C'est une interdiction, et non une recommandation, dont la violation peut donner lieu à des sanctions voire can 1393. Cette interdiction rejoint celle du canon 285 qui couvre tout exercice du pouvoir civil en toutes ses dimensions d'exécutif, de législatif ou de judiciaire. D'ailleurs, dans la rédaction du canon 285, pouvoir civil est interprété comme législatif et judiciaire. La commission n'a pas jugé nécessaire de préciser au praragraphe *« civilis potestatis cum legislativae tum administrativae et iudicialis »,* car cela est sous-entendu[294]. Il est en somme question de l'exercice de l'autorité publique. L'interdiction va loin. Ces offices ne peuvent donc pas être assumés, ni par élection, ni par nomination. Les membres des Instituts de Vie Consacrée et Sociétés de Vie Apostolique aussi sont liés par ces dispositions.

> *«Religiosi adstringuntur praescriptis cann. 277, 285, 286, 287 et 289, et religiosi clerici insuper praescriptis C. 279, § 2 in institutis laicalibus iuris pontificii, licentia de qua in C. 285, § 4, concedi potest a proprio Superiore maiore »* [295].
>
> *«Sodales, praeter obligationes quibus, uti sodales, obnoxii sunt secundum constitutiones, communibus obligationibus clericorum adstringuntur, nisi ex natura rei vel ex contextu sermonis aliud constet»*[296].

Cette interdiction de participer activement à la politique rejoint l'identique souci du Législateur Suprême qui se retrouve dans les recommandations posées par le § 3 du c. 278[297] à propos du droit général d'association des clercs. Concernant significativement le droit d'association de tous les clercs, et non les seuls séculiers, il leur est demandé de s'abstenir de fonder des associations dont le but ou l'action sont incompatibles avec les obligations propres de l'état clérical, ou peuvent entraver l'accomplissement diligent de la charge qui

---

[293] Cf. *CCEO-1990,* can. 384 § 2. *«Ils ne prendront pas une part active dans les partis politiques ni dans la direction des associations syndicales, à moins que, au jugement de l'Evêque éparchial ou, si le droit particulier le prévoit, du Patriarche ou d'une autre autorité, la défense des droits de l'Eglise ou la promotion du bien commun ne le requièrent».*

[294] Cf. *Comm., 14 (1982), p. 173.*

[295] Cf. *CIC,* can. 672 :« *Les religieux sont astreints aux dispositions des cann. 277, 285, 286, 287 et 289, et les religieux clercs sont de plus soumis aux dispositions du C. 279 § 2 ; dans les instituts laïcs de droit pontifical, la permission dont il s'agit au C. 285 § 4 peut être accordée par le propre supérieur majeur».*

[296] *CIC,* can. 739 : *«Les membres, outre les obligations auxquelles ils sont soumis comme membres selon les constitutions, sont tenus aux obligations communes des clercs, sauf s'il s'avère, à partir du contexte ou de la nature des choses, qu'il en va autrement».*

[297] Cf. CIC, can. 278 §3. « *Clerici abstineant a constituendis aut participandis consociationibus, quarum finis aut actio cum obligationibus statui clericali propriis componi nequeunt vel diligentem muneris ipsis ab auctoritate ecclesiastica competenti commissi adimpletionem praepedire posant* ».

leur a été confiée par l'autorité ecclésiastique compétente, et de s'abstenir d'y participer. L'action politique est susceptible d'entrer au moins dans le champ de la deuxième hypothèse, mais la dépasse aussi en tant qu'il ne s'agit pas seulement d'une perturbation des fonctions ou charges confiées.

La réduction de la mission sacerdotale à des charges temporelles, purement sociales ou politiques, ou de toute façon étrangères à son identité, n'est pas une conquête mais une perte très grave pour la fécondité évangélique de l'Église tout entière. Ce n'est pas parce que quelqu'un est prêtre qu'il est à même de s'acquitter mieux qu'un laïc d'une charge politique comme chef d'État, ministre ou maire. L'ordination ne fait pas nécessairement du prêtre un meilleur gestionnaire de la *polis*. Pour s'en rendre compte, il suffit de faire le compte ou le bilan de l'exercice des prêtres présidents, maires ou ministres. Les cas les plus patents furent ceux de Fulbert Youlou, premier président du Congo-Brazzaville et du salésien Jean-Bertrand Aristide en Haïti. Leur gestion de la *polis* fut catastrophique et tous deux furent chassés du pouvoir[298].

A la suite du canon 287, le canon 288[299] souligne que les diacres permanents ne sont pas tenus par les dispositions du canon précédent, restant sauf le droit particulier. Cette disposition est en adéquation avec d'autres du Code qui concèdent bien des facultés aux diacres permanents[300], en laissant une place au droit particulier pour disposer en ces matières. Ainsi, les diacres permanents peuvent donc avoir part aux activités des partis politiques et dans la direction des associations syndicales, ce que les prêtres en norme de principe ne peuvent pas. Il faut souligner que les dispositions du canon 288 sont absolues et ne posent aucune condition ou précaution à prendre. Ces dispositions ne concernent que les diacres permanents, célibataires ou non et n'incluent pas les diacres transitoires. Toutefois,

---

298 Cf. J-C. DJEREKE, *L'engagement politique*, dupp. 205-206.

299 Cf. *CIC*, can. 288 «*Diaconi permanentes praescriptis cann. 284, 285, §§ 3 et 4, 286, 287, § 2 non tenentur, nisi ius particulare aliud statuat*».

300 Ainsi les diacres permanents ne sont pas tenus au port d'un habit éclasistique particlieurs qui les distingue (can. 284); Ils peuvent assumer des offices publics qui comportent une participation à l'exercice du pouvoir civile (can. 285 § 3); ils conservent la faculté d'avoir des fonctions de types économico administratives, ce qui est interdit aux prêtres (can. 285 § 4); il ne leur est pas interdit de faire le négoce ou le commerce par eux-mêmes ou par autrui, à leur profit ou à celui de tiers, (cf can. 286); cf. CONGRÉGATIO PRO LERCIS, *Directorium Diaconatus originem pro ministerio et vita diacononrum permanentium,* 22 fév. 1998, n. 13, in: *AAS* 90 (1998) pp. 879-927;

malgré son caractère, immédiat, cette norme laisse au droit particulier d'établir des normes diverses.

Malgré ce caractère absolu de la norme du canon 288, elle a eu une interprétation dans le Directoire *Diaconatus originem* de la Congrégation pour le Clergé, le 22 février 1998. Dans ce document, se référant aux obligations et aux droits des diacres permanents en matière d'engagement socio-politique, la Congrégation a rappelé, de manière générale, le devoir des diacres permanents de favoriser la paix et la concorde sociale. Après cela la Congrégation souligne :

> *«On peut leur consentir de militer activement dans des partis politiques et dans des syndicats, dans des circonstances particulièrement importantes pour « la défense des droits de l'Église ou la promotion du bien commun », selon les règles établies par les conférences d'Évêques. Cependant, il leur reste absolument interdit, et dans tous les cas, de collaborer à l'action des partis politiques et des forces syndicales qui reposent sur des idéologies, des pratiques et des alliances incompatibles avec la doctrine catholique»*[301].

Ce document de la Congrégation redimentionne la faculté laissée au diacre par le canon 288 en matière d'engagement politique et de direction des syndicats. En s'en tenant au texte du Directoire, la discipline appliquée aux diacres permanents, n'est pas vraiment différente de celle prévue pour les prêtres par le canon 287 § 2. Il leur est consenti de militer activement dans les partis politiques ou de prendre la direction des syndicats pour « *Ecclesiae iura tuenda aut bonum commune promovendum id requirant* ». Pour les diacres, nous nous trouvons en face d'une formulation positive de militer activement dans des partis politiques et dans des syndicats, dans des circonstances particulièrement importantes pour «*Ecclesiae iura tuenda aut bonum commune promovendum id requirant* » selon les règles établies par les conférences d'Évêques; et pour les prêtres, une formulation négative: «*In factionibus politicis atque in regendis consociationibus syndicalibus activam partem ne habeant, nisi iudicio competentis auctoritatis ecclesiasticae, Ecclesiae iura tuenda aut bonum commune promovendum id requirant* » [302]. On se rend compte, à travers la diversité

---

[301] CONGREGATIO PRO CLERICIS, *Directorium Diaconatus,* n. 13, p.888; «*Activa participatio in factionibus politicis admitti potest in rerum adiunctis peculiaris momenti ad « Ecclesiae iura tuenda aut bonum commune promovendum »,iuxta normas ab Episcoporum conferentiis statutas; in omni casu tamen firmiter prohibita remanet, cooperatio cum factionibus et syndacatus coetibus, qui in ideologiis, pactis et consociationibus innituntur, cum doctrina catholica repugnantibus*» ; version française in: *http://www.vatican.va/roman_curia/congregations/cclergy/documents/rc_con_ccatheduc_doc_19980331_directorium-diaconi_fr.html*)(20-2-2020).

[302] Cf. *CIC,* can. 287 §2.

de formulation, que si pour les prêtres ces activités sont prohibées d'une manière ordinaire, pour les diacres permanents, on propose de façon ordinaire, la possibilité d'une concession[303]. Mais, dans la pratique, le redimensionnement introduit par le Directoire soumet les diacres permanents à la même discipline établie par le canon 287 § 2 pour les prêtres. Il en résulte que les uns et les autres peuvent s'engager dans des activités politiques ou la direction des activités syndicales seulement avec la permission de l'autorité ecclésiastique et si et seulement si l'exigent la défense des droits de l'Église et la promotion du bien commun.

Il sied aussi de souligner que cette restriction imposée par le Code de droit canonqiue s'appliquent aussi au membres des Institus religieux[304] et à ceux des sociétés de vie apostolique[305]. Les laïcs, membres d'un Isntitut Séculier ne pas tenus par l'obligation de la norme comme le laisse entrevoir le caon 712[306] en ces paragraphes 1 et 2.

C) La possibilité d'un type d'engagement

Tout en défendant au clerc des engagements de type politiques ou syndicaux, l'Église n'entend pas le priver de son droit de citoyen, de son droit de participer activement à la vie politique de sa communauté. Il est avant tout un citoyen et sa mission le porte au-devant des hommes et de leurs problèmes. Il ne peut en aucune manière se désintéresser des questions touchant la gestion publique. Comme prêtre, il « *conserve, certes, le droit d'avoir une opinion politique personnelle et d'exercer son droit de vote en conscience* » [307]. Il peut avoir

---

303 Cf. M. CALVI, *La militanza politica e la direzione di associazioni sindacali da parte di diaconi permanenti alla luce del diritto particolare,* in: *Quaderni di diritto ecclesiale,* 24 (2011), p. 182-184.

304 *CIC*, can. 672: «*Religiosi adstringuntur praescriptis cann. 277, 285, 286, 287 et 289, et religiosi clerici insuper praescriptis C. 279, § 2 in institutis laicalibus iuris pontificii, licentia de qua in C. 285, § 4, concedi potest a proprio Superiore maiore*»

305 *CIC*, can. 739: «*Sodales, praeter obligationes quibus, uti sodales, obnoxii sunt secundum constitutiones, communibus obligationibus clericorum adstringuntur, nisi ex natura rei vel ex contextu sermonis aliud constet*».

306 *CIC*, can. 712: «*§1. Sodales horum institutorum propriam consecrationem in actuositate apostolica exprimunt et exercent, iidemque, ad instar fermenti, omnia spiritu evangelico imbuere satagunt ad robur et incrementum Corporis Christi.*

§2. Sodales laici, munus Ecclesiae evangelizandi, in saeculo et ex saeculo, participant sive per testimonium vitae christianae et fidelitatis erga suam consecrationem, sive per adiutricem quam praebent operam ad ordinandas secundum Deus res temporales atque ad mundum virtute Evangelii informandum Suam etiam cooperationem, iuxta propriam vitae rationem saecularem, in communitatis ecclesialis servitium offerunt.».

307 JOANNES-PAULUS PP II, Cat.: *Il discorso*, p. 4.

ses propres options ou opinions politiques, économiques et sociales. Ce serait faillir à la fois à sa responsabilité civique et à sa responsabilité pastorale s'il n'en avait pas[308].

Toutefois, il doit non seulement éviter de donner à son option ou opinion politique l'appui moral de son caractère sacerdotal, mais doit aussi s'abstenir de prendre publiquement des positions politiques partisanes[309].

> «*Il diritto del Presbitero a manifestare le proprie scelte personali è limitato dalle esigenze del suo ministero sacerdotale. Anche questa limitazione può essere una dimensione della povertà che è chiamato a praticare sull'esempio di Cristo. Egli infatti può talvolta essere obbligato ad astenersi dall'esercizio del proprio diritto per poter essere segno valido di unità e quindi annunciare il Vangelo nella sua pienezza.*» [310].

Sa Mission doit le pousser à faire preuve de certaines qualités :*« cordis bonitas, sinceritas, robur animi et constantia, assidua iustitiae cura, urbanitas aliaeque »*[311]. Il ne peut garder le silence, il ne peut être neutre.

Cette mission peut parfois exiger des actes concrets de prophétisme. Il doit être prophète pour son temps. Le prêtre est appelé à importuner, à être signe de contradiction. Il lui revient, par devoir de prophétisme, de dénoncer tout péché, toute injustice, tout égoïsme humain comme offense à Dieu dans son image vivante que sont les hommes broyés par la misère, l'injustice et l'oppression[312]. Il lui revient aussi d'inviter les laïcs, au cours des élections, à exercer leur droit de citoyen en allant voter sans pour autant conditionner leur vote en indiquant le candidat de sont choix personnel ou le programme politique pour leauel opter. Sa mission est d'éclairer les fidèles dans leur dicision avec des critères pouvant les aider à faire des choix cohérents à l'Evangile.

C'est aussi un devoir prophétique que cacher par exemple des personnes qui sont recherchées pour des raisons ethniques ou politiques et dont la vie est en danger. Devant les violations évidentes et systématiques des droits de l'Homme et des peuples, devant les injustices sociales flagrantes et devant la paix et l'avenir de l'humanité menacés, le prêtre

---

[308] Cf. R. COSTE, *La responsabilité*, p 326.

[309] Cf. CONFERENCE EPISCOPALE CHILIENNE, Décl.: *L'Église et le socialisme*, 1971 avr. 22, in: *DC*, n. 1589 (1971 jui. 4), p. 637.

[310] IOANNES-PAULUS PP II *Cat.: Il discorso*, nell'audienza generale, 1993 lug. 28, in: *OR*, an. 172, (29 luglio 1993), p. 4.

[311] *PO* 3.

[312] Cf. T. CABESTRERO, *Des prêtres au gouvernement. L'expérience du Nicaragua*, Paris 1983, p. 27.

doit-il se contenter d'une « attitude prophétique » et ainsi renoncer à l'action ? Il ne peut garder le silence, il ne peut être neutre. Dans sa dernière lettre encyclique, le Pape François soulignait:

> *«Per queste ragioni, benché la Chiesa rispetti l'autonomia della politica, non relega la propria missione all'ambito del privato. Al contrario, «non può e non deve neanche restare ai margini» nella costruzione di un mondo migliore, né trascurare di «risvegliare le forze spirituali» che possano fecondare tutta la vita sociale. È vero che i ministri religiosi non devono fare politica partitica, propria dei laici, però nemmeno possono rinunciare alla dimensione politica dell'esistenza che implica una costante attenzione al bene comune e la preoccupazione per lo sviluppo umano integrale. La Chiesa «ha un ruolo pubblico che non si esaurisce nelle sue attività di assistenza o di educazione» ma che si adopera per la «promozione dell'uomo e della fraternità universale»*[313].

Comme l'Église, il est appelé à promouvoir le développement intégral de l'homme à la lumière de l'Évangile. Ce développement se réalise à travers le soin que l'on porte aux biens incommensurables de la justice, de la paix, de la dignité, de la vérité et de la sauvegarde de la création[314]. Pour le clerc, l'annonce de l'Evangile comporte nécessairement l'obligation de donner des jugements moraux sur des questions temporelles comme le souligait le Pape Jean-Paul II :

> « *Ad exercitationem ministerii evangelizationis in re sociali-quod est facies muneris prophetici Ecclesiae- pertinet etiam denuntiatio malorum et iniustitiarum. Oportet tamen declarare annuntiationem semper maioris momenti esse quam denuntiationem et hanc seiungi non posse ab illa quae ei veram firmitatem ac vim summarum causarum exponendarum tribuit* »[315].

La politique et l'économie conditionnent les projets supérieurs de service de la personne humaine ou du bien commun. Ce sont des points incluant une dimension éthique.

---

[313] FRANCISCUS PP, Let. Enc. *Fratelli tutti*, n. 276. «Même l'Église respecte l'autonomie de la politique, elle ne relègue pas la propre mission dans le domaine privé. Au contraire, » elle ne peut et ne doit pas non plus rester en marge de la construction d'un monde meilleur ni négliger de « réveiller les formes spirituelles » capables de féconder toute la vie sociale. Il est vrai que les ministres religieux Les ne doivent certes pas faire de la politique partisane, qui est le propre des laïcs, mais ils ne peuvent non plus renoncer à la dimension politique de l'existence qui implique une constante attention au bien commun et la préoccupation du développement humain intégral…… L'Église « a un rôle politique qui ne se limite pas à dans ses activités d'assistance ou d'éducation » mais qui favorise « la promotion de l'homme et de la fraternité universelle »» ; (la traduction est nôtre).

[314] Cf. FRANCISCUS PP., M.p.: *Humanam progressionem,* 2016 Aug. 17quibus Dicasterium ad integram humanam progressionem fovendam constituitur, in: *AAS* 108(2016) p.968.

[315] IOANNUS PAULUS PP II, Lit enc.: *Sollicitudo rei sociali*, 1987 dic 30, VI, n. 41, in: *AAS* 80 (1988) p. 572. «Accomplir du ministère de l'évangélisation dans le domaine social, fait partie de la fonction prophétique de l'Église et comprend aussi la dénonciation des maux et des injustices. Toutefois, il faut relver que l'annonce est toujours plus importante que la dénonciation, et celle-ci ne peut faire abstraction de celle-là qui lui donne son véritable fondement et la force de la motivation la plus haute» ; (la traduction est nôtre).

Le prêtre, en raison du service à rendre à l'homme et à la société, selon la mission reçue du Christ, ne peut pas s'en désintéresser. Le précepte d'amour du Christ n'implique-t-il pas le respect de chaque personne et de ses droits, n'implique-t-il pas les règles de la justice sociale ?[316] Chez le Christ, la Bonne Nouvelle allait de pair avec une dénonciation du péché de la société de son temps qu'étaient l'injustice, la violence, l'exploitation, le mépris des femmes et des enfants. Le prêtre ne peut garder le silence, il ne peut être neutre devant certaines situations.

Il risque de dénaturer l'Evangile et faire accuser plus tard l'Église de ne pas avoir défendu le droit des opprimés et de ne pas avoir pris position en faveur des pauvres[317]. Ce sera alors sa manière de faire de la politique. *«La politica non è la mera arte di amministrare il potere, le risorse o le crisi. La politica non è mera ricerca di efficacia, strategia e azione organizzata»*[318]. La présence, les joies et en particulier les souffrances des femmes, des jeunes et des pauvres, sont une forte sonnette d'alarme pour les responsables de la vie publique. C'est dans la réponse à leurs besoins que se joue en grande partie la construction du bien commun. Car ils constituent le lieu de la vérification authentique de l'engagement en politique[319]. Sa politique consisterait à faire réfléchir, à dénoncer les maux de la société, à interpeller ceux qui ont en charge la gestion de la *res publica*[320], à soutenir des positions justes et de recherche de la paix, tout en gardant une attitude de pasteur ; et ceci avec un esprit et la méthode évangélique de dialogue et de respect pour tous. Définissant la mission de l'Église en des termes de dénonciation des situations d'injustice, de promotion et défense de la dignité et des droits de la personne humaine, le Synode des Evêques sur la justice entendait cela. Cet engagement est fondamental et relève d'un devoir, encore plus pour le prêtre qui est éducateur de la foi, que pour le fidèle laïc.

C'est ainsi que ces dernières décennies, face aux situations socio-politiques des pays africains, les Evêques africains et malgaches ont assumé cette mission de dénonciation et d'interpellation, que ce soit collectivement ou individuellement. Ils se sont prononcés à maintes reprises sur la situation socio politique et économique du continent[321]. Il en va de la

[316] Cf. IOANNUS PAULUS PP II, Cat.: *Il discorso*, p. 4.

[317] Cf. G. CONCETTI, *Il presbitero*, p. 665.

[318] FRANCISCUS PP, Disc. Disc. *Ringrazio il Cardinale,* p.12.

[319] Cf. Idem.

[320] Cf. J-C. DJERKE, *L'engagement politique*, pp. 23-24.

[321] Cf. *The African Enchiridion, Documents and texts of the Catholic Church in the african word*, collected and edited bay Oseni OGUNU, vol. III (1988-1993) et vol. IV (1994-2003) Bologna 2006 ; 2008 ; CONFERENCE

crédibilité de l'Evangile et de la Mission prophétique de l'Église ; car, quand sont en jeu les droits fondamentaux des hommes, leur développement intégral, ainsi que la cause de la justice et de la paix, le prêtre de même que l'Église sont tenus d'agir et d'utiliser des moyens qui s'accordent avec l'Evangile[322]. Voilà pourquoi le Synode sur le sacerdoce ministériel et la justice dans le monde appelle les prêtres à une grande vigilance dans leur engagement :

> *«curandum est, ne eius optio quasi unica legitima christianis appareat vel causa discidii inter christifideles fiat. Memores sint presbyteri maturitatis laicorum, quae magni facienda est, cum ambitu peculari, in quo versantur, agitur »*[323].

Ce n'est pas seulement en s'engageant dans un parti politique ou dans une association syndicale qu'un prêtre peut promouvoir la justice et faire respecter les droits de l'homme. Ce n'est pas l'unique chemin ou option pour lutter avec et pour les faibles et les défavorisés.

D) Une possibilité d'engament actif ou la suppleance politique

La grande question est celle de la militance ou de l'engagement actif des prêtres dans un parti politique ou l'exercice d'un pouvoir public. Sur ce point, nous nous référons au Synode des Evêques de 1971 dont la réponse est nuancée. Il ne se prononce pas en faveur d'un refus catégorique, mais laisse une porte ouverte.

Tout dépend des circonstances concrètes et de ce qui est en jeu. Le seul bémol à cette interdiction est quand sont à risque la défense des droits de l'Église et la promotion du bien commun. Cela peut advenir dans certaines situations extrêmes. Quand par ses structures par exempe, l'État empêche l'Église de ses réaliser dan ses droits naturels et dinvin ou quand il met à risque l'espace de liberté nécessaire pour la réalisation du bien commun et viole les droits humains. Il peut alors de façon exceptionnelle ne pas tenir compte de cette interdiction. Il ne peut donc jamais participer à la vie politique pour des intérêts personnels, par ambition ou pour servir la cause exclusive d'un parti. Les finalités du ministère sacerdotal, non seulement ne justifient la participation d'un prêtre à la vie politique, mais surtout, cette

---

EPISCOPALE DU TOGO, *Lettre pastorale, Le Chrétien dans le Togo en pleine mutation*, 1990-2-17, in : *The African Enchiridion*, n. 783, vol III (1988(1993), Bologna 2006.

[322] Cf. *UT*, part II, 2.

[323] *UT*, part II, 2. «Il faut veiller à ce que ce choix n'apparaisse pas aux chrétiens comme la seule voie légitime et ne soit cause de discorde entre les membres des fidèles chrétiens. Que les prêtres soient attentifs à la maturité des laïcs, ce qui est d'une grande importance lorsqu'il s'agit de l'environnement particulier dans lequel travaillent »; (la traductin est nôtre).

participation ne convient pas à la dignité de son sacerdoce et à la transcendance de sa mission[324]. Quand les institutions du pays deviennent carentielles, le prêtre peut être amené à jouer un rôle politique, à s'impliquer directement dans l'action politique. Si cette participation apparaît comme une nécessité pour la communauté, le prêtre peut agir pour soutenir la cause de la justice et de la paix.

> *«Naturalmente, si possono dare casi eccezionali di persone, gruppi e situazioni in cui può apparire opportuno o addirittura necessario svolgere una funzione di aiuto e di supplenza in rapporto alle istituzioni pubbliche carenti e disorientate, per sostenere la causa della giustizia e della pace»*[325].

C'est alors une situation exceptionnelle qui demande la suppléance politique qui doit être temporaire, c'est-à-dire, limitée dans le temps. Il n'est pas dit que sa participation résoudra les problèmes, elle peut même les empirer. De ce fait, il est nécessaire que le prêtre ait une attitude conforme à sa dignité. Il doit être au-dessus des partis en lutte. Alors, avec son prestige et son autorité, ainsi qu'avec son impartialité, il pourra jouer le rôle d'un service authentique en faveur de toute la communauté afin d'arriver à un consensus unanime ou, à défaut, à un consensus de la grande majorité des membres de la communauté.

La participation directe ou active du clerc à la politique n'est pas sans dangers, d'autant plus que la politique n'appartient pas en soi à la sphère de son ministère. Il s'attirera des fois la rancune et l'animosité des gens, même s'il essaie de rester dans les limites. Cela aura sûrement des incidences négatives sur son ministère spirituel qui en pâtira, car l'intervention directe en politique est étrangère au ministère clérical, la matière propre de la politique étant avant tout les intérêts strictement temporels. Il peut courir aussi le risque de l'illusion sur la nécessité ou l'opportunité de défendre publiquement et dans le champ politique certaines prérogatives, là où la prudence commanderait de renoncer momentanément. Voilà pourquoi la décision de se lancer dans une telle entreprise ne doit pas être prise à la légère et doit être sérieusement motivée.

Dans la pratique, il faut reconnaître qu'il n'est pas toujours facile de déterminer quand les circonstances demandent l'engagement du prêtre dans la politique. Il ne doit pas être le seul à juger du caractère exceptionnel des conditions, ni à discerner si les conditions sont remplies. La norme exige le jugement de l'autorité ecclésiastique compétente qui, ici,

---

[324] Cf. G. CONCETTI, *Il presbitero*, p. 666.

[325] IOANNES-PAULUS PP II, Cat. : *Il discorso*, p. 4.

serait l'Ordinaire propre[326] pour indiquer et analyser la situation. L'interdiction que sanctionne le canon 287 §2 est universelle et disciplinaire, l'Évêque diocésain peut donc en dispenser les fidèles :

> *«§1. Episcopus dioecesanus fideles, quoties id ad eorundem spirituale bonum conferre iudicet, dispensare valet in legibus disciplinaribus tam universalibus quam particularibus pro suo territorio vel suis subditis a suprema Ecclesiae auctoritate latis, non tamen in legibus processualibus aut poenalibus, nec in iis quarum dispensatio Apostolicae Sedis aliive auctoritati specialiter reservatur.*
>
> *§2. Si difficilis sit recursus ad Sanctam Sedem et simul in mora sit periculum gravis damni, Ordinarius quicumque dispensare valet in iisdem legibus, etiam si dispensatio reservatur Sanctae Sedi, dummodo agatur de dispensatione quam ipsa in iisdem adiunctis concedere solet, firmo praescripto can. 291»*[327].

Toutefois, il lui revient, avant de donner sa réponse, d'évaluer la vérification des circonstances exceptionnelles, d'examiner attentivement la situation, de vérifier les motivations, leur objectivité par rapport au bien spirituel du peuple de Dieu. Il donnera sa réponse, éclairé par l'Evangile, en tenant compte du bien de la communauté tant civile qu'ecclésiale. Et avant de donner son consentement, il doit consulter le Conseil Presbytéral et, si le cas le requiert, la Conférence épiscopale[328]. Nous sommes ici devant une manifestation de la prudence de l'Église[329].

Déterminer, définir les contours de la situation doit provenir d'une analyse objective, analyse à laquelle doivent contribuer tous les membres de la communauté qui tiennent à la dignité de la personne humaine et à la promotion du bien commun. Et dans cette analyse, on doit tenir compte de la Doctrine Sociale de l'Église. Dans cette situation, le prêtre ne peut prétendre se laisser guider par sa seule conscience. Il ne doit pas oublier qu'il n'est pas un simple citoyen et ne peut pas se comporter dans ses choix politiques comme un simple

---

[326] Cf. *Quidam Episcopi*, 5.

[327] *CIC*, can. 87*§1 « Chaque fois qu'il le jugera profitable à leur bien spirituel, l'Évêque diocésain a le pouvoir de dispenser les fidèles des lois disciplinaires tant universelles que particulières portées par l'autorité suprême de l'Église pour son territoire ou ses sujets, mais non des lois pénales ou de procédure, ni de celles dont la dispense est spécialement réservée au Siège Apostolique ou à une autre autorité.*

§2. Si le recours au Saint-Siège est difficile et qu'en outre un retard serait cause d'un grave dommage, tout Ordinaire a le pouvoir de dispenser de ces mêmes lois, même si la dispense est réservée au Saint- Siège, pourvu qu'il s'agisse d'une dispense que ce dernier a coutume d'accorder dans les mêmes circonstances, restant sauves les dispositions du can. 291. »

[328] *Cf. U T 2.*

[329] Cf. CONGREGATIO PRO CLERICIS, *Direttorio*, n. 33.

citoyen[330]. Il est clerc, ordonné et inséré d'une façon spéciale dans l'Église locale dont l'Évêque est le chef[331]. Cela implique sa dépendance de la hiérarchie et donc de toute la communauté avec laquelle il doit vivre en communion. Il ne doit donc pas faire seul des choix pour ne pas porter préjudice à toute la communauté. Ses choix et agissements doivent être posés dans le respect de la communion hiérarchique dont il est un collaborateur direct et dépendant[332], ainsi que dans le respect des exigences de la communion ecclésiale.

L'engagement direct du clerc dans la politique n'est pas la règle, mais l'exception, une exception qui doit être assumée comme une suppléance, comme ce fut le cas dans les années 1990 dans certains pays africains. Ces pays, on ne le rappellera assez, ont connu des années de dictature qui ont délabré le tissu social et économique, délabrement accompagné d'une perte de confiance et d'une défiance envers les Institutions, des personnes et des groupes de personnes. Au regard de la situation délétère de la vie sociale et politique de certains pays, l'Église d'Afrique ne s'est pas seulement contentée de faire des déclarations. Elle a aussi accepté, ces années, que certains de ses Évêques président des conférences nationales souveraines comme au Bénin (Mgr. Isidore de Souza), au Congo-Brazaville (Mgr. Ernest Kombo), dans l'ex-Zaïre (Mgr. Laurent Mosengwo), au Togo (Mgr. Philippe Fanoko Kpodzro). Certains mêmes ont été amenés à assumer des responsabilités politiques, en dirigeant les instances parlementaires de la transition. Ce fut le cas par exemple de Monseigneur Isidore De Souza qui dirigea le Haut Conseil de la République au Bénin du 28 février 1990 au 31 mars 1991[333] et de Monseigneur Philippe Fanoko Kpodzro qui dirigea le Haut Conseil de la République au Togo[334]. Mgr. Laurent Mosengwo, qui a aussi dirigé la conférence nationale de l'ancien Zaïre, expliquait le sens de cette mission spéciale par la nécessité de définir un projet de société prenant davantage en considération la dignité de la personne humaine et permettant le développement de tout l'homme et de tous dans la justice

[330] Cf. G. CONCETTI, *Il presbitero*, p. 667

[331] Cf. *LG* 27 ; *CD* 11 ; *PO* 7 et 8.

[332] Cf. *LG* 28.

[333] Cf. SERVICE DE LA DOCUMENTATION ET DES ARCHIVES DE L'ASSEMBLEE NATIONALE, *De Justin Ahomadegbe a Mathurin Coffi Nago, L'histoire du parlement béninois se poursuit (Extrait de l'Hémicycle, numéro 009 d'octobre 2012),* in: *https://assemblee-nationale.bj/wp-content/uploads/2017/10/Histoire-et-patrimoine.pdf* p.10 (12-12-2020).

[334] Cf. AGENCE DE PRESSE INTERNATIONALE CATHOLIQUE, *Togo: appel à la paix du Président du Haut-conseil de la République*, 1992 ian. 28, in *: https://www.cath.ch/newsf/togo-appel-a-la-paix-du-president-du-haut-conseil-de-la-republique/* (12-12-2020).

et la paix[335]. Comme on peut le noter, ces événements sont des situations exceptionnelles qui ont nécessité l'intervention directe en politique, comme des chemins de réconciliation devant favoriser une transition vers la normalité.

Quelques années plus tard, devant la nécessité de faire la vérité pour recomposer le tissu social déchiré par des crises socio-politiques ayant entraîné des morts et la destruction des biens, des Évêques ont encore accepté de se jeter dans l'arène politique pour jouer leur rôle de suppléance. Ainsi au Togo, qui a connu de nombreux actes de violences, de massacres et de destructions des biens publics et privés à caractère politique entre 1958 et 2005, Mgr. Nicodème Barrigah, alors Évêque du diocèse d'Atakpamé, a dû accepter de diriger la Commission Vérité Justice et Réconciliation (CVJR) créée en 2009. Cette commission avait pour mission de faire la lumière sur les violences politiques qui ont eu lieu au Togo durant la période de 1958 à 2005[336]. Cela devait permettre de faire la Vérité, de tourner la page sombre de l'histoire du Togo et de lutter contre l'impunité. Elle a travaillé de 2009 à 2012, auditionnant les victimes et témoins des actes de violence. Elle a rendu un rapport avec diverses recommandations en Avril 2012[337], dont celle qui préconise que l'État mette en place un processus de réparation à l'endroit des victimes[338].

Dans la même région ouest africaine, la Côte d'Ivoire avait connu plus d'une décennie de troubles entre 2002 et 2011. Ces tensions qui ont culminé lors de la crise postélectorale de 2001 ont fait plus de 3000 morts[339]. L'Évêque franciscain Mgr. Paul Siméon Ahouana Djro a, de mars 2015 à avril de la même année, dirigé la Commission Nationale de Réconciliation et d'Indemnisation des Victimes de la crise post-électorale (Conariv). Elle avait la lourde tâche de faire la vérité sur les exactions commises en Côte d'Ivoire lors des crises pré et post-électorales afin d'arriver à la réconciliation. Cette

[335] Cf. L. MONSENGWO (Mgr.), *L'Église en politique*, in : *Revue de l'Institut Catholique de l'Afrique de l'Ouest* (Abidjan), n. 12 (1996), p. 52.

[336] Cf. AGENCE DE PRESSE INTERNATIONALE CATHOLIQUE (apic), *Togo : Un évêque nommé à la tête de la commission « Vérité, justice et réconciliation »*, 2009 mai 29, in : *https://www.cath.ch/newsf/togo-un-eveque-nomme-a-la-tete-de-la-commission-verite-justice-et-reconciliation/*, (12-12-2020).

[337] Cf. RADIO FRANCE (RFI) INTERNATIONALE, *Togo: remise du premier volet du rapport de la Commission vérité, justice et réconciliation,* 2012 avr. 04 , in: *https://www.rfi.fr/fr/afrique/20120404-togo-commission-verite-justice-reconciliation-remet-son-premier-rapport*, (15-12-2020).

[338] Cf. E. D'ALMEIDA, *Réconciliation au Togo: des « purifications », en attendant les indemnisations,* 2017 jui. 07, in: *https://www.jeuneafrique.com/455297/societe/reconciliation-togo-purifications-attendant-indemnisations/,* (15-12-2020).

[339] Cf. JEUNE AFRIQUE -AGENCE FRANCE PRESSE, *Côte d'Ivoire: fin de mandat de la Commission nationale pour la réconciliation,* 2017 juil. 04, in: *https://www.jeuneafrique.com/453885/politique/cote-divoire-fin-de-mandat-de-commission-nationale-reconciliation/*, (15-12-2020)

commission était une institution rattachée au Président de la République et son Président avait rang de président d'Institution[340]. Mgr. Paul Siméon disait alors qu'il ne s'agissait d'accepter une nomination, mais d'accepter de rendre un service et que ce n'est pas la première fois que l'Église catholique est appelée pour ce genre de mission[341]. Même s'il assume des charges politiques ou syndicales, le prêtre doit vivre ces fonctions dans une visée pastorale, comme mission ecclésiastique qui lui est confiée en raison de son ordination.

Toutefois, il ne faut pas perdre de vue que le prêtre qui s'engage dans ce domaine, même s'il a le consentement de son Évêque et de la Conférence épiscopale, n'est pas un émissaire ou un délégué de la hiérarchie. Il est libre et autonome comme tout citoyen : libre d'exercer ses droits politiques et, autonome de prendre ses décisions en pleine conscience. Il n'est pas autonome par rapport à l'Église - à moins qu'il ne fasse une apostasie - mais par rapport à la hiérarchie ; car l'action proprement politique a ses propres lois qui doivent être interprétées à la lumière de la foi selon une conscience bien formée. Il n'a pas, par conséquent, à recevoir de directives de la hiérarchie, mais doit se laisser guider par sa responsabilité ecclésiale et toujours agir de façon cohérente avec les principes de sa foi, de sa mission et dans un esprit évangélique. Il doit exclure la violence de ses paroles et de ses gestes, cette dernière n'étant pas évangélique[342]. Il ne peut utiliser aucune forme de violence ou en être un promoteur en ayant par exemple des initiatives prophétiques ou pastorales. Il ne doit pas oublier que comme clerc, il est un représentant qualifié de l'Église et par conséquent, son action même dans le champ politique, implique la responsabilité de l'Église. Ce sera à travers sa présence, son témoignage et son exemple, que l'Église deviendra un ferment vital dans l'histoire humaine et dans la société[343].

Avant d'assumer une fonction politique ou syndicale de direction, il faut nécessairement respecter les deux conditions de base : le caractère exceptionnel du choix et le caractère provisoire de l'état dans lequel le clerc se met en raison du choix. Cela signifie

---

[340] Cf. O. OUAKALTIO, *Bonne gouvernance et réconciliation: Seydou Diarra et Mgr Siméon Ahouana nommés* in: *https://www.fratmat.info/article/68574/Politique/bonne-gouvernance-et-reconciliation-seydou-diarra-et-mgr-simeon-ahouana-nommes*, (15-12-2020).

[341] Cf. B. MIEU, *Paul Siméon Ahouanan: « Les Ivoiriens doivent apprendre à se pardonner pour avancer »* publié le 2015 mar. 5, in : *https://www.jeuneafrique.com/228052/politique/msgr-paul-sim-on-ahouanan-les-ivoiriens-doivent-apprendre-se-pardonner-pour-avancer*, (15-12-2020).

[342] Cf. GS 76; *U T* 90; PAULUS PP VI, All.: *Nous vous remercions*, 1972 ian. 10, Romae, apud S. Petrum, ad excellentissimos Viros et Legatorum coetum apud Sedem Apostolicam, novo inuente anno Beatissimo Patri fausta ac felicia ominantes, in: *AAS*, an. 64 (1972), p.51.

[343] Cf. GS 76; SYNODUS EPISCOPORUM «a.1971», Doc.: *Convenientes ex universo de iustitia in mundo*, n. 15.

que le clerc se trouve dans un domaine qui n'est pas le sien et joue un rôle qui ne lui est pas propre. Il joue un rôle de suppléance. Cela implique que sa situation n'est pas permanente et doit prendre fin à l'issue de son mandat ou suite à la normalisation de la situation. Il est par conséquent tenu de faire de son mieux, pour une évolution rapide de la situation vers la normalité, en créant les conditions et en préparant des laïcs capables de prendre la relève ; il doit de plus savoir se retirer à temps[344].

Il peut arriver et cela est advenu qu'un prêtre ne voit pas de contradiction entre son sacerdoce et son engagement politique. Dans ces cas de figure, le prêtre réfractaire, encourt la suspension *a divinis*. En d'autres termes, l'Église lui retire la faculté de célébrer la Messe et les autres sacrements ou mieux de poser des actes liturgiques sacerdotaux.

> « *Etant donné que je suis sinon marié avec la politique, du moins absorbé par elle, je ne peux exercer des fonctions sacerdotales. Et imaginer une paroisse où je serai obligé de dire la Messe devant une assistance composée de sympathisants du Parti démocratique gabonais (le parti au pouvoir) et du Rassemblement national des bûcherons (son propre parti) ...... on m'a prié de ne pas dire la Messe. Je ne crie pas à l'injustice, c'est normal* »[345].

C'est en ces mots que le Père Léon Mba Abessole, alors prêtre-maire, justifiait où expliquait la mesure de suspension dont il était objet. Conscient de sa situation, il dira plus tard, que bien que démeurant prêtre pour la vie, le fait d'être engagé dans le combat politique, lui interdisait de dire la Messe[346]. Les cas des prêtres suspendus *a divinis* à cause de leur engagement politique ne sont pas rares. Au Nicaragua, le Père Jésuite Fernando Cardenal, qui ne voulait pas abandonner le portefeuille de ministre de l'éducation nationale dans le gouvernement de Daniel Ortega, fut suspendu[347]. Toutefois, après son mandat il a réintégré sa Compagnie, après avoir refait le noviciat. On peut aussi mentionner le cas de Don Gianni Baget Bozzo qui, en 1985, fut suspendu par le cardinal Giuseppe Siri, suite à son élection l'année précédente comme euro parlementaire du Parti Socialiste Italien. Cette suspension ne fut levée qu'en 1994, à la fin de son second mandat parlementaire. Au Paraguay, Mgr. Fernando Lugo fut suspendu le 20 janvier 2007 par un décret de la Congrégation des Evêques, à la suite de sa candidature à l'élection présidentielle.

> « *El 21 de diciembre de 2006 el Nuncio Apostólico en Paraguay le ha consignado el texto de la Amonestación canónica que lo invitaba a no aceptar la candidatura a Presidente de la*

[344] Cf. G. CONCETTI, *Il presbitero*, p. 675 et 676.

[345] *Jeune Afrique* n. 1817, du 20-26 mar. 1996, p. 57, cit. in: J-C DJEREKE, *L'engagement politique*, p. 203.

[346] Cf. Id.

[347] Cf. P-H. KOLVENBACH, *Vous avez dit Jésuites*, Paris 1991, p. 107.

República de Paraguay, advirtiéndole qu'en caso contrario le sería impuesta –como primer paso- la pena canónica de la suspensión, que prohíbe a los ministros sagrados todos los actos de potestad de orden y de jurisdicción (can. 1333 & 1).

Considerando que el 25 de diciembre de 2006, solemnidad de la Natividad del Señor, Vuestra Excelencia ha declarado públicamente ponerse a disposición de encargos políticos o institucionales y hasta ahora no ha cambiado su decisión, con sincero dolor cumplo el deber de infligir a Vuestra Excelencia, mediante el presente Decreto, la pena de la suspensión a divinis, a norma del canon 1333 & 1, con la prohibición de poner en ejecución todos los actos de potestad de orden y de gobierno y el ejercicio de todas las funciones y derechos inherentes al oficio episcopal.

Con esta sanción penal Usted permanece en el estado clerical y continúa estando obligado a los deberes a él inherentes, aunque suspendido en el ejercicio del ministerio sagrado.

Confío en que Vuestra Excelencia retirará su decisión de ser fiel a las obligaciones libremente asumidas con la consagración épiscopal»[348].

Malgré l'admonition canonique, il ne renonça pas à la politique et fut élu président du Paraguay en avril 2008. Suite à cette élection, le 31 juillet 2008 le Pape Benoît XVI lui concéda la perte de l'état clérical avec celle de toutes ses obligations comme prêtre et Evêque. *«L'accettazione è dovuta al fatto che il popolo lo ha eletto e la sua richiesta è stata riconsiderata perché il suo stato clericale non è compatibile con la Presidenza della Repubblica»*, expliquait Monseigneur Orlando Antonini, Nonce apostolique au Paraguay[349].

La mesure de suspension est en adéquation non seulement avec le canon 287 § 2, mais aussi avec les normes canoniques qui sanctionnent les fonctions publiques dont on doit rendre des comptes comme un empêchement au sacerdoce[350] et qui menacent de peine le clerc qui désobéit[351]. La Norme de l'Église, en ce domaine, ne laisse pas de doute. En dehors des situations exceptionnelles à bien évaluer, le prêtre ne peut pas s'engager en première personne dans la politique ou la direction d'une association syndicale. Cette norme n'est pas valable pour le diacre aux termes du canon 288. Ce canon concernant les diacres permanents

---

[348] CONGREGATIO PRO EPISCOPIS, Decr. *Suspensión a divinis de S. E. Fernando Lugo MÉNDEZ S.V.D. Lugo obispo emerito de San Pedro* in: *https://web.archive.org/web/20081003222329/http://www.zenit.org/article-22557?l=spanish* (07-01-2021).

[349] Un an au paravent, le 18 décembre 2006, lui même avait demandé sa démission de l'état clérical afin de se présenter aux élections; cf. ZENIT STAFF, ***Il*** *Papa accetta la riduzione allo stato laicale del Presidente eletto del Paraguay,* publiée le 2008 jui. 30, in: *https://it.zenit.org/2008/07/30/il-papa-accetta-la-riduzione-allo-stato-laicale-del-presidente-eletto-del-paraguay (20-12-2020).*

[350] Cf. *CIC*, can. 1042. « *Sont simplement empêchés de recevoir les ordres ....2° celui qui occupe une fonction ou un rôle d'administration interdit aux clercs selon les canons. 285 et 286 et dont il doit rendre compte jusqu'à ce que, après avoir quitté sa fonction et son administration et qu'il ait rendu ses comptes, il soit devenu libre* ».

[351] Cf. *CIC* cann. 1333, 1393; Quidam *Episcopi*, 5

fut redimensionné par le Directoire de la Congrégation pour le Clergé en date du 22 février 1998[352], alignant plus ou moins la discipline concernant les diacres permanents sur celle des prêtres.

De nos jours, il faut le reconnaître, les exceptions à la règle d'interdiction deviennent plus rares. Les communautés politiques ont réaffirmé le principe d'autonomie absolue et de la laïcité. La séparation de l'Église et de l'État a aussi pour conséquence le non engagement des clercs en politique. De plus, de nos jours, le laïc catholique est devenu adulte et capable d'assumer ses propres responsabilités dans le cadre de la vie socio politique.

E) La responsabilité de la hiérarchie de l'Église

L'engagement politique a une noblesse que nous ne pouvons nier. De plus, il s'agit d'une activité difficile et ardue. Mais, devant les exigences du sacerdoce ministériel et dans sa grande sagesse, l'Église, *Mater et Magistra*[353], ne permet pas à ses ministres de s'engager en première personne en politique ou de prendre la direction des associations syndicales. Car l'Église et l'État, non seulement sont des institutions différentes, mais en plus chacune a sa finalité propre dont la poursuite exige indépendance et autonomie[354]. La création des structures justes n'est pas le rôle de l'Église, mais relève de la sphère de la politique et du social[355]. Et c'est le champ d'action de prédilection des fidèles laïcs. Pour le pape François:

> *«La politica è vocazione di servizio, diaconia laicale che promuove l'amicizia sociale per generare il bene comune. Solo in questo modo la politica contribuisce a far sì che il popolo diventi protagonista della sua storia e così si evita che le cosiddette "classi dirigenti" credano di essere loro a poter risolvere tutto»*[356].

De par leur vocation, il leur revient principalement d'animer l'ordre temporel selon l'Esprit du Christ :

> *«Hoc etiam peculiari adstringuntur officio, unusquisque quidem secundum propriam condicionem, ut rerum temporalium ordinem spiritu evangelico imbuant atque perficiant, et*

[352] Cf. CONGREGATIO PRO CLERICIS, *Directorium Diaconatus*, n. 13.

[353] Cf. IOANNES PP XXIII, Litt enc.: *Mater et Magister*, de recentioribus rerum socialium processibus ad christiana praecepta componendis, 1961 maii 15, in: *AAS* 53 (1961), p. 401.

[354] Cf. LEO PP XIII, Ep. Enc.: *Immortale Dei*, 1988 nov. 1, in: *ASS* 18 (1885), p. 166-167.

[355] Cf. BENEDICTUS PP XVI, *Deus Caritas est*, n. 29.

[356] FRANCISCUS PP, Disc. *Ringrazio il Cardinale,* 2019 Mar. 4, 12.

ita specialiter in iisdem rebus gerendis atque in muneribus saecularibus exercendis Christi testimonium reddant»[357].

C'est leur domaine de mission et leur responsabilité première : « *Le caractère séculier est le caractère propre et particulier des laïcs»*[358]. Comme le soulignait le Pape Benoît XVI, C'est par ses membres laïcs que l'Église se rend présente et active dans la vie du monde. Ils ont donc un grand rôle à jouer dans l'Église et dans la société[359]. Il leur revient en première position s de modifier les structures d el'ordre temporel, en agissant de l'intérieur comme un ferment, pour la sanctification de la cité terrestre.

> « *Il n'appartient pas aux pasteurs de l'Église d'intervenir directement dans la construction politique et dans l'organisation de la vie sociale. Cette tâche fait partie de la vocation des fidèles laïcs, agissant de leur propre initiative avec leurs concitoyens. L'action sociale peut impliquer une pluralité de voies concrètes. Elle sera toujours en vue du bien commun et conforme au message évangélique et à l'enseignement de l'Église. Il revient aux fidèles laïcs " d'animer les réalités temporelles avec un zèle chrétien et de s'y conduire en artisans de paix et de justice* » [360].

Il ne relève pas de la compétance des ministres sacrés de participer aux activités temoprelles dont la politique aux termes des canons 285 et 287. Cela est du domaine de la compétance des fidèles laïcs. Allant dans le même sens, le Pape Benoît XVI écrira dans sa lettre Encyclique *Deus Caritas est* :

> *«Proximum operandi officium pro iusto in societate ordine pertinet tamen ad laicos fideles. Tamquam Civitatis participes vocantur ut in primis vitam publicam communicent. Propterea renuntiare eis non licet «multiplici et diversae actuositati oeconomicae, sociali, legislativae, administrativae et culturali ad bonum commune organice et ex instituto promovendum»*[361].

La mission pastorale de la hiérarchie est d'annoncer la Bonne Nouvelle du Salut offert à tout homme par la venue du Christ dans notre monde. Cette mission, doit la pousser :« *...à susciter, au moins auprès des catholiques, au nom de ce service de l'homme*

---

[357] CIC, can. 225 § 2 : « *Chacun selon sa propre condition, ils sont aussi tenus au devoir particulier d'imprégner d'esprit évangélique et de parfaire l'ordre temporel, et de rendre ainsi témoignage au Christ, spécialement dans la gestion de cet ordre et dans l'accomplissement des charges séculières* »

[358] *LG* 31. « *Laicis indoles saecularis propria et peculiaris est* ».

[359] BENEDICTUS PP XVI, Adh.ap. postsynodalis, *Africae Munus*, 2011 nov. 11 II, n. 128, in : AAS 104 (2012), p. 295.

[360] *Cathéchisme de l'Église Catholique*, n. 2442

[361] BENEDICTUS PP XVI, Lit. enc. : *Deus Caritas est*, , 2005 dec. 25. II, n. 29, in: *AAS*, 98 (2006) p. 241. «Il revient en propre aux fidèles laïcs d'agir pour un ordre juste dans la société. Comme citoyens de l'État, ils sont appelés à participer personnellement à la vie publique. Ils ne peuvent donc renoncer à l'action multiforme, économique, sociale, législative, administrative, culturelle, qui a pour but de promouvoir, organiquement et par les institutions, le bien commun» ; (a traduction est nôtre)

fréquemment réaffirmé par Jean-Paul II, des attitudes inspirées par la charité selon l'Evangile, le sens chrétien de la solidarité, de la justice et de l'équité »[362]. Pour Navarro, L'évolution du monde de même que les progrès de l'Église dans bien des pays – lequel se réflète dans une profonde formation des fidèles laïcs- conseillent que les clercs ne prennent pas un part active à la politique[363].

La responsabilité de la hiérarchie de l'Église est ici engagée. Il lui revient de mettre l'accent sur la formation et l'encouragement des laïcs à prendre leur responsabilité dans un domaine qui leur est spécifique. Les clercs, en ce qui les concerne, doivent doter les laïcs d'une solide formation théologique. En cela, ils doivent soutenir les fidèles laïcs dans cette gestion du temporel, en ayant en grande estime cet apostolat difficile. Il leur revient de les former afin qu'ils prennent conscience de leur responsabilité envers les hommes, en les instruisant profondément dans le mystère du Christ, en les initiant aux méthodes pratiques, en les soutenant dans leurs difficulutés[364]. Dans cette initiation, ils doivent aussi mettre l'accent sur la doctrine sociale de l'Église. Cela aiderait mieux les laïcs à vivre leur foi dans la société et à prendre leur pleine responsabilité dans sa construction et son animation[365]. Les laïcs qui s'engagent dans cette noble tâche ont besoin que les clercs les soutiennent, les éduquent à la responsabilité, les aident et les éclairent[366]. Le monde de la politique est une grande agora où l'Église a son mot à dire. Ceux qui s'y engagent de bon cœur se sentent parfois isolés, incompris et sont tentés non seulement de se décourager, mais aussi d'abandonner leurs responsabilités ou leur témoignage de foi. C'est la raison pour laquelle ils ont besoin du soutien de l'Église.

Il revient au clerc, guide et pasteur de la communauté, de rappeler que le devoir des chrétiens est de se mettre au service, sur le modèle de leur Maître, de l'édification d'un ordre social et civil, respectueux et promoteur de l'Homme. Il lui revient de toujours proposer une authentique conception de l'Homme, de ses vrais besoins, de la valeur des relations

---

362 CONFERENCE EPISCOPALE FRANÇAISE : CONSEIL PERMANENT, Décl.: *Pour de nouveaux modes de vie*, 1982 sept. 22, in : *La Documentation Catholique*, n. 1838 (1982 oct. 17), p.938.

363 Cf. L. NAVARRO, *Il devietto di participazione attiva nei partiti politici e di azzunzione di uffici pubblici*, in: *Folia canonica*, 10 (2007) p. 240.

364 Cf. *AG* 21.

365 Cf. J-C. DJEREKE, *L'engagement politique*, p. 206.

366 Cf. PAULUS PP VI, Epist. ap.: *Octogesima adveniens*, 1971 mai 14, n. 5, Romae, apud S. Petrum, ad cardinalem Mauricium Roy, Consilii de Laicis atque Pontificae Commissionis Studiorum a "Iustitia et pace" praesidem: octogesimo espleto anno ab editis litteris encyclicis et verbis appellatis *Rerum novarum*, in: *AAS*, an. 63 (1971), p. 401-441.

familiales et sociales qui ressortent du message évangélique. Il doit aider les fidèles par la prière et les sacrements à libérer leur conscience de toute ambiguïté et de la tentation de l'usage d'un pouvoir instrumentalisé, en purifiant et en renforçant l'engagement de servir humblement, au-delà de tout orgueil ou égoïsme[367].

Comme le soulignait le Conseil permanent de la Conférence épiscopale italienne :

> *«...Dovere della Chiesa, insomma, è principalmente quello di formare i cristiani, in particolare modo i laici, a un coerente impegno, fornendo non soltanto dottrina e stimoli, ma anche adeguate linee di spiritualità, perché la loro fede e la loro carità crescano non «nonostante» l'impegno, ma proprio «attraverso» di esso»*[368].

L'Église doit apporter sa contribution à l'espérance du monde pour purifier la raison et réveiller les forces morales. Sans cet apport, il n'est pas possible de construire de structures justes qui perdurent dans le temps[369]. Il lui revient alors non seulement de pourvoir à l'éducation de la conscience morale chrétienne à la lumière de la foi, mais aussi d'également assurer aux chrétiens l'éducation à la vie politique, comme le recommande le Synode romain de 1987 :

> *« ut laici nobile propositum in re politica actuose assumant, non sufficit illos hortari, sed debita formatio conscientiae socialis eis offerenda est, speciatim in doctrina sociali ecclesiae, quae continet principia reflexionis, criteria ad iudicandum et directrices praticas »*[370].

Le rôle de l'Église est en fait d'offrir à la praxis un guide et une orientation théologique et éthique[371], en déployant toute son énergie de *Mater et Magistra,* avec toutes les ressources de son expérience éducatrice. Elle joue ce rôle en éduquant au sens de la responsabilité, c'est-à-dire, au sens du devoir, sans lequel le droit n'aurait pas de force. Ce devoir d'éducation doit se faire dans tous les domaines de la vie, à tous les âges et dans tous

---

367 Cf. CONFERENZA EPISCOPALE ITALIANA, CONSIGLIO PERMANENTE, *La Chiesa italiana e le prospettive del paese*, 1981 ott. 23, Roma, in: *Enchiridion della Conferenza Episcopale Italiana, decreti, dichiarazioni, documenti pastorali per la Chiesa italiana*, vol. 3 (1980-1985), n. 786.

368 Id.

369 Cf. BENEDICTUS PP XVI, Litt. encycl.: *Deus caritas est,* 2005 dec. 25, n. 29, Romae, apud S. Petrum, de christiano amore, in: *AAS,* an. 98 (2006), p. 217-252.

370 IOANNES PAULUS PAPA II, Adh. ap. post-syn.: *Christifideles laici,* 1988 dec. 30, de vocatione et missione laicorum in ecclesia et in mundo, n. 60, proposition : *AAS,* an. 81 (1989), p. 393-521. « Pour que les laïcs prennent une part active à la politique, il ne suffit pas de les encourager, mais il faut leur offrir une bonne formation de la conscience sociale, notamment dans la doctrine sociale de l'Église, qui contient des principes de réflexion , critères de jugement et directives pratiques » ; (la traduction est nôtre) ; cf. CONGREGATIO PRO DOCTRINA FIDEI, Ins.: *Libertatis conscientia*, 1986 mar. 22, n. 72, in : *AAS*, an. 79 (1987), p. 554-599.

371 Cf. IOANNES PAULUS PAPA II, Adh. ap. post-syn.: *Christifideles laici*, n. 60.

les milieux[372]. Il lui revient d'aider les citoyens à vivre dans la société en hommes libres et responsables. Tout en dénonçant le mal, elle doit annoncer le bien qui est atteignable et parfois, donner des consignes et des directives d'action. Comme le soulignait le Pape Benoit XVI aux évêques d'Ecosse : *« Pastors of the Church, therefore, must continually call the faithful to complete fidelity, to the Church'Magisterium, while at the same time upholding and defending the Church's right to live freely in society according to her beliefs »*[373].

C'est pour les pasteurs un devoir d'inviter les fidèles laïcs à comprendre, toujours plus, le lien qu'il y a entre leurs responsabilités sociales, la foi chrétienne et la promotion des sociétés africaines. Il leur revient également d'apporter leur soutien spirituel et doctrinal à ceux qui assument des responsabilités nationales ou internationales[374]. La mission épiscopale n'impose-t-elle pas le devoir de dénoncer courageusement et avec charité les injustices[375] ? En outre :

> *« Les responsables doivent éveiller la communauté politique à des dimensions qu'elle ne voit pas, lui poser des questions, lui fournir des critères d'appréciation, de jugement et l'inviter à se situer pleinement, actuellement dans l'esprit de l'Evangile »*[376] .

Les fidèles laïcs doivent savoir que l'engagement politique du chrétien est non seulement une nécessité, mais aussi une exigence de la mission de l'Église et une dimension essentielle du Salut chrétien qui n'est pas éthéré. Le Pape Benoît XVI ne manquera pas de dire:

> « ..., *posso anch'io affermare che la politica è un ambito molto importante dell'esercizio della carità. Essa richiama i cristiani a un forte impegno per la cittadinanza, per la costruzione di una vita buona nelle nazioni, come pure ad una presenza efficace nelle sedi e nei programmi della comunità internazionale. C'è bisogno di politici autenticamente cristiani, ma prima ancora di fedeli laici che siano testimoni di Cristo e del Vangelo nella comunità civile e politica. Questa esigenza dev'essere ben presente negli itinerari educativi delle comunità ecclesiali e richiede nuove forme di accompagnamento e di sostegno da parte dei Pastori. L'appartenenza dei cristiani alle associazioni dei fedeli, ai movimenti ecclesiali e alle nuove comunità, può essere una buona scuola per questi discepoli e testimoni,*

---

[372] Cf. R. ETCHEGARAY (Card.), *Intervention au congrès mondial sur la pastorale des droits de l'homme*, 1998 jui 1-4, Rome, in: *DC*, n. 2190 (1998 oct. 18), p. 891-892.

[373] BENEDICTUS PAPA XVI, All.: *I extend*, 5 feb. 2010, Romae, apud S. Petrum, ai vescovi della Scozia in visita ad limina apostolorum, in: *OR*, an. 150 (2010 feb. 6), p. 7.

[374] Cf. SYMPOSIUM DES CONFERENCES EPISCOPALES D'AFRIQUE ET DE MADAGASCAR, *Les évêques d'Afrique parlent 1969-1991. Documents pour le Synode africain*, in : *Les Dossiers de la Documentation Catholique*, Paris, 1992.

[375] Cf. PAULUS PP VI, *Nous vous remercions*, p. 53.

[376] R. COSTE, *La responsabilité*, p.93.

sostenuti dalla ricchezza carismatica, comunitaria, educativa e missionaria propria di queste realtà»[377].

Il revient, en definitive, aux pasteurs d'enseigner cela en permanence, d'annoncer ce qui est bon et juste pour l'Homme avec un engagement de service concret offert à chaque personne, surtout aux plus petits et aux plus pauvres. Le Synode épiscopal de 1987 soulignait qu'urgeait l'existence d'une pastorale spéciale des fidèles engagés dans la politique, l'économie et le social [378].

---

[377] BENEDICTUS PP XVI, Disc. *È con gioa, 2010* mai 21, Ad plenario sessionem Pontificii Concilii pro Laicis, in: *ASS* 102 (2010), p. 347-350 p. 248. «..., je peux moi aussi affirmer que la politique est un domaine très important de l'exercice de la charité. Elle rappelle les chrétiens à un fortt engagement au service de la citoyenneté pour l'édification d'une vie sereine dans les nations, et à une présence concrète dans les institutions et dans les programmes de la communauté internationale. Il y a besoin d'hommes politiques authentiquement chrétiens, mais plus encore de fidèles laïcs, témoins du Christ et de l'Évangile dans la communauté civile et politique. Cette exigence doit être bien présente dans les itinéraires éducatifs des communautés ecclésiales et exige de nouvelles formes d'accompagnement et de soutien de la part des pasteurs. L'appartenance des chrétiens aux associations de fidèles, aux mouvements ecclésiaux et aux nouvelles communautés, peut être une bonne école pour ces disciples et témoins, soutenus par la richesse charismatique, communautaire, éducative et missionnaire propre à ces institutions »*; (la traduction est nôtre).*

[378] Cf. SYNODUS EPISCOPORUM «a. 1987», Per *Concilii semitas*, *Propositio,* n. 28, in: *EV,* vol. 10 (1986-1987), Bologna, 2000, n. 2215-2243.

Conclusion

Faire de la politique, voilà une manière noble de servir sa Cité et les hommes. Et tous les citoyens, sont de par leur citoyenneté, s'ils n'en sont empêchés par le droit, responsables de la vie socio-politique de leur pays et de leur cité. Et pour le chrétien, cela est d'autant plus impérieux qu'il est appelé de par sa foi à participer à la vie de sa communauté civile, participer à la construction de la cité selon l'esprit évangélique. Cela est et demeure pour lui un devoir. Car il doit par sa manière d'être et de faire, étendre et faire advenir le Règne de Dieu. Toutefois, il faut noter que ce travail de construction ne se fait pas de la même manière pour tout le monde. Chacun le fait, selon sa condition et ses moyens.

Le clerc donc, comme citoyen a le devoir de participer à la vie de sa cité, à sa construction. Son sacerdoce n'enlève rien à sa qualité de citoyen, n'annule en aucune manière son appartenance à la société civile et politique dont il fait partie, avec les obligations et les droits qui lui sont propres, comme n'importe quel citoyen : il est appelé à payer des impôts, à respecter les lois, à exercer le droit de vote légitime. Il n'y a pas de contradiction entre sa citoyenneté et son sacerdoce. Toutefois, il ne doit pas perdre de vue que sa première mission comme prêtre, n'est pas d'ordre social ni politique, mais religieux. Son exclusion des fonctions de gestion civile correspond à son appel à être pasteur de tous et pas seulement de ceux qui professent les mêmes idées politiques ou gouvernementales.

Il est avant tout, maître de la Parole, ministre des sacrements et guide de la communauté[379]. Comme pasteur et guide de la communauté[380], il doit viser en toute chose le bien de sa communauté et la mission de Salut. Cette mission qui le place au-devant de sa communauté doit le pousser à être avant tout un signe d'unité et de réconciliation et non objet de division. N'étant pas un simple citoyen, il ne peut pas se comporter dans ses choix politiques comme un simple citoyen[381]. Il est appelé à faire des choix et avoir des attitudes bien déterminés et même à faire des renonciations qui peuvent parfois luis coûter.

Dans son expérience plus que millénaire, l'Église interdit à ces ministres certaines fonctions ou charges qui ne concordent pas avec le ministère sacerdotal. Cela non seulement pour laisser le clerc entièrement disponible à sa mission, mais aussi pour ne pas porter

---

[379] Cf. Congregatio pro Clericis, Lett. circ.: *Il presbitero, maestro*, in: *EV*, vol. 18 (1999), Bologna, 2002, n. 289-375.

[380] Cf. Congregatio pro Clericis, Instr.: *Il presbitero, pastore,* n. 1.

[381] Cf. G. Concetti, *Il presbitero*, p. 667.

préjudice à la même mission et à tout le corps de l'Église. Ainsi comme le sanctionne le suprême Législateur :

> «*In factionibus politicis atque in regendis consociationibus syndicalibus activam partem ne habeant, nisi iudicio competentis auctoritatis ecclesiasticae, Ecclesiae iura tuenda aut bonum commune promovendum id requirant*»[382].

Et cette position a toujours été celle que l'Église a toujours adoptée, même si la pratique a connu des exceptions en des moments donnés.

Cette loi, est universelle. Elle lie tous les clercs de l'Église catholique romaine. Aucune autorié inférieure au Législateur Suprême ne peut lui substituer une autre loi qu'elle soit personnelle ou territoriale, sans son autorisation. A moins d'une modificaiton ou dispositions contraires du Législateur Suprême, aucune autorité ne peut dispenser de façon habituelle les clercs ou les religieux d'un territoire donné ou d'une condition particulière de l'obligation de cete norme.

Le prêtre reste citoyen avec ses droits et devoirs. Mais pour des raisons de convenances et pour un bien Supérieur, celui de sa mission et de la mission de l'Église, il lui est demander de renoncer à exercer pleinement ses droits citoyens dans certains domaines. Il ne peut faire de la politique en première personne, ni prendre la direction d'associations syndicales. La seule dérogation admise à cette interdiction est quand sont en jeu les biens de l'Église et le bien commun. Dans sa prudence, le Législateur Suprême ne laisse pas au clerc seul, l'évaluation de la situation pour voir si les conditions sont remplies pour permettre un engagement actif de sa part. Il lui faut l'autorisation de l'autorisation de l'Ordinaire qui doit avant toute permission consulter le Conseil presbytéral et si nécessaire la Conférence épiscopale. Et quand il est appelé à agir en politique, le prêtre ne doit pas oublier qu'il joue un rôle de suppléance.

Cette interdiction du canon 287§ 2, comme nous le soulignions n'enlève en rien à la citoyenneté du clerc. Il peut fait de la politique autrement, par sa manière d'être, en luttant pour la justice et la vérité, en dénonçant tout ce qui avilit la dignité de la personne humaine, en participant aux votes et autres actions citoyennes conformes à son état.

---

[382] Cf. *CIC*, can. 287 § 2. «*Ils ne prendront pas une part active dans les partis politiques ni dans la direction des associations syndicales, à moins que, au jugement de l'autorité ecclésiastique compétente, la défense des droits de l'Église ou la promotion du bien commun ne le requièrent*»

Le champ politique et la direction des associations syndicales est par vocation, du domaine des fidèles laïcs.

. *«Hoc etiam peculiari adstringuntur officio, unusquisque quidem secundum propriam condicionem, ut rerum temporalium ordinem spiritu evangelico imbuant atque perficiant, et ita specialiter in iisdem rebus gerendis atque in muneribus saecularibus exercendis Christi testimonium reddant»*[383].

Il revient alors au prêtre, pasteur et guide de la communauté, non seulement d'encourager les fidèles laïcs à prendre leur responsabilité dans ce domaine noble, mais aussi de les éclairer et mettre à leur disposition la formation nécessaire pour assumer pleinement cette responsabilité.

[383] *CIC*, can. 225 § 2. *« Chacun selon sa propre condition, ils sont aussi tenus au devoir particulier d'imprégner d'esprit évangélique et de parfaire l'ordre temporel, et de rendre ainsi témoignage au Christ, spécialement dans la gestion de cet ordre et dans l'accomplissement des charges séculières »*

BIBLIOGRAPHIE

A) Sources

ALEXANDER PP VII, const. *Sacrosancti Apostolatus Officii*, 18 janvier 1658, § 2. VIII : à l'adresse des curés aux Indes. In : *Ius pontificium, De propaganda Fide, Pars I, Complectens Bullas Brevia Acta S.S.* vol. I A cura ad studia Raphaëlis de Martinis, Romae, 1888, p. 304.

_, Const. *De Spirituali,* 1658 ian.18, in : CONGREGATIO DE PROPAGANDA FIDE, *Collectanea Sacrae Congregatio de Propaganda Fide*, vol. I, Romae, 1907, pp. 39-41.

ALFRINK M. J., *La position de l'Episcopat hollandais*, 9 oct. 1971, Textes intégraux d'interventions au Synode sur le sacerdoce ministériel, in : *DC,* n. 1596 (1971), p. 983.

ASSEMBLEE GENERALE DES NATIONS UNIES, *Déclaration Universelle des Droits de l'Homme*, 10 décembre 1948, in : https://www.ohchr.org/en/udhr/documents/udhr_translations/frn.pdf (12-12-2020).

_, Ep. *Dilecti fili*, 7 iun. 1918, Ad Ludovicul Mazariüs S.R.E. Card. Bégin, Archiespiscopum Quebecensem, Ceterosque Archiepiscopos et Episcopos Regionis Canadensis: Mutua inter fideles concordia interm commendata, dantur normae quaod scholastican legem a gubernatorivus Ontarii status latam, in: *AAS,* 10 (1918), pp. 430-442

_, Ep. *Dilecte Fili,* 12 mar.1919, Ad Ioannem S.R.E. card. Csernoch, Archiepiscopu, Strigoniensem, De Praesenti Rei Religiosae condicione in Hungeria, in: *AAS* 11 (1919), p. 122-123.

_, Ep. *Dilecte Fili*, 10 feb. 1921, Ad desideratu MS.R.E. Gard. Mercier, Archiepiscopu M. Mechliniensem, ceterosque Belgarü M. Episcopos, quibus, occasione «*Quaetinis flandricae*», nonnula quae ad religionem pertinent parterno anomo inculcat, in: *AAS,* 13 (1921) pp. 127-130.

_, Ep. *Dilecti Fili*, 16 iul. 1921, Ad E. MOS PP. DD. Alexandrum S. R. E. Presb. Card. Kakowski, Archiepiscopum varsaviensem, Edmundum S. R. E. Presb. Card. Dalbo, Archiepiscopum Gnesnensem et Posnaniensem, ceterosque Polonia

Episcopos: De ratione a clero servanda in praesenti Poloniae conditione, in: *AAS,* 13 (1921), p. 424-426;

BENEDICTUS PAPA XVI, Lit. enc.: *Deux Caritas est*, Episcopis, presbyteris et diaconis, viris et mulieribus consecratis omnibusque christifidelibus laicis De christiano amore, 2005 dec. 25. in: *AAS* (2006), p. 217-252.

_, Disc *Je suis heureux*, Ai vescovi della regione ecclesiastica du Québec (Canada) in visita ad limina, 2006 mail1, in: *Insegnameti di Benedetto XVI*, Vol. II (2006), Libreria editrice vaticana 2007, p. 573-574.

_, Disc, *Sono davvero*, ai Presuli della Conferenza Episcopale italiana, riuniti per la 56e Assembléa génerale, 2006 mag. 18, in: *Insegnamenti di Benedetto XVI*, Vol. II (2006), Libreria editrice vaticana 2007, p.618-622.

_, All.: *I extend*, 2010 feb. 5, Romae, apud S. Petrum, ai vescovi della Scozia in visita ad limina apostolorum, in: *OR*, an. 150 (2010 feb. 6), p. 7.

_, Disc. *È con gioa*, 2010 mag. 21, all'assemblea plenaria del Pontificio Consiglio per i laici, Roma in: *AAS*; 102 (2010), p. 347-350.

_, Disc. *Es para*, 2012 mag. 10, alla comunità del Pontificio colegio español; in: *Insegnameti di Benedetto XVI*, Vol. III (2012), Libreria editrice vaticana 2013, p. 550-561.

_, Disc, *Ci siamo*, (celebrazione dell'ora media con clero, seminaristi e consacrati nel Duomo di Milano), 2012 gui. 2, in: *Insegnamenti di Benedetto XVI*, Vol. III (2012), Libreria editrice vaticana 2013, p. 673.

_, Adh.ap. postsynodalis *Africae Munus*, , 2011 nov. 11 Aux Evêques, au Clergé, aux Persones Consacrées et aux Fidèles Laïcs sur l'Église en Afrique au Service de la Réconciliation, de la Justice et de la Paix in : *AAS*, 104 (2012), p. 239-314

Bible de Jérusalem, Paris 2007.

Bullarium Romanum: *Bullarum diplomatum et privilegiorum sanctorum Romanorum Pontificum*, *Taurinensis editio*, 25 tom., Augustae Taurinorum, 1857-1872.

CANONES APOSTOLORUM «a. 341 ad a. 381», Canones, in: *Mansi*, tome 1, 1759, col. 29-48.

CANONES CONCILII SARDICENSIS, a. 342, *Canones*, in: *Mansi,* tome 3, 1759, col. 21-30.

Catéchisme de l'Église catholique, Paris, 1999.

CLEMENS PP IX, Const. : *In excelsa*, 1669 Sept. 13, in : CONGREGATIO DE PROPAGANDA FIDE, *Collectanea Sacrae Congregatio de Propaganda Fide*, vol. I, Roma, 1907, p. 62-63.

Codex Canonum Ecclesiarum Orientalium, auctoritate IOANNIS PAULI PAPA II promulgatus, fontium annotatine actus cura et studi PONTIFICII CONSILII DE LEGUM TEXTIBUS INTERPRETANDIS (Civitas Vaticana 1995).

Codex iuris canonici, PII X PONTIFICIS MAXIMI IUSSU DIGESTUS, BENEDICTI PAPAE XV auctoritate promulgatus (Romae 1917), in: *AAS,* an. 9 (1917), pars II.

Codex iuris canonici, PII PONTIFICIS MAXIMI,BENEDICTI PAPAE XVauctoritate promulgatus, preafatione, fontium annotatione et indice analytico-alphabetico ab Emo PETRO CARD GASPARII auctus Romae MCMXVIII.

Codex iuris canonici, auctoritate IOANNIS PAULI PAPA II promulgatus, Civitas Vaticana 1983, in: *AAS,* an. 75 (1983), pars II.

Codice di diritto canonico e Leggi complementari, quarta ed. italiana riveduta e ampliata della 6ª ed. curata dall'Istituto Martín de Azpilcueta dell'Università di Navarra, con riferimenti al codice dei canoni delle Chiese orientali, alla legislazione italiana e a quella particolare della CEI, dir. J. I. ARRIETA, Ed. Coletti a San Pietro, Roma 2013

Codice di canoni delle Chiese Orientali, promulgato da PAPA GIOVANNI PAOLO II, testo ufficiale latine e traduzine italiana di B. TESTACCI, Bologna 1996, in: *EV*/12, p. 695-1091.

Codicis iuris canonici fontes, cura P. GASPARRI - I. SERÉDI editi, 9 vol., reimpr. Anast., Romae, Typis Polyglotis Vaticanis, 1923-1939.

Conciliorum Oecumenicorum Decreta (COD), edizione bilingue, a cura di G. ALBERIGO et al., consulenza di H. JEDIN, versione it. a cura di A. NICORA ALBERIGO, Bologna 2002.

CONCILIUM OECUMENICUM VATICANUM II: PAULUS PAPA VI UNA CUM CONCILII PATRIBUS

_, Const. Dogm.: *Lumen gentium*, 1964 nov. 21, Romae, apud S. Petrum, Const. dogm. de Ecclesia, in: *AAS,* an. 57 (1965), p. 5-67.

_, Decr.: *Apostolicam actuositatem*, 1965 nov. 18, Romae, apud S. Petrum, Decr. de apostolatu laicorum, in: *AAS*, an. 58, (1966), p. 837-864.

_, Decr.: *Presbyterorum Ordinis,* 1965 dec. 7, Romae, apud S. Petrum, Decr. de presbyterorum ministerio et vita, in: *AAS*, an. 58 (1966), p. 991-1024.

_, Const. Past.: *Gaudium et spes*, 1967 dec. 7, Romae, apud S. Petrum, Const. past. Ecclesia in mundo huius temporis, in: *AAS*, an. 58, (1966), p. 1025-1120.

CONCILIUM ANDEGAVENSE «a. 453», *can. 7 Mansi,* tome 7, 1762, col. 899-906

CONCILIUM CARTAGINENSE III «a. 397», *Mansi,* tome 3,1759, col. 875-892.

CONCILIUM CHALCEDONENSE, «a. 451», *Canones*, in: *COD*, p.75-104.

CONCILIUM CONSTANTINOPOLITANUM IV « a. 869-870», *COD*, p. 157-186

CONCILIUM LATERANENSE III, «a. 1179», *Canones,* in: *COD,* p. 205-225

CONCILIUM LATERANENSE IV «a. 1215», *Canones*, in: *COD,* pp. 243-244.

CONCILIUM NICAENUM I, «a. 325», *Canones*, in: *COD,* p.1-19.

CONCILIUM NICAENUM II, «a. 787», *Canones*, in: *COD,* p. 131-156.

CONCILIUM MOGUNTIACUM, in: *Mansi, tome* 14, *1769, col.* 63-76.

CONCILIUM TARRAGONENSE «A. 516», in: *Mansi* VII, 1762, col. 541-544.

CONCILIUM TOLETANTUM IV, «a. 633», in: *Mansi,* tom. 10, 1764, col. 612-650.

CONCILIUM TOLETATUM XI *«a.* 675», *can. 6, Mansi,* tome 11, 1965, col. 130-152.

CONCILIUM TRIDENTINUM, Sess.XXII, Decretum *de refomatione*, in: *COD,* p. 738-741

Conciliorum Oecumenicorum Decreta (COD), edizione bilingue, a cura di G. Alberigo et al., versione it. a cura di A. Nicora Alberigo, Bologna 2002.

Concordato tra la Santa Sede e l'Italia; le 11 février 1929, art. 43, in: *AAS*, 21 (1929), pp. 275-295

CONFERENCE EPISCOPALE CENTRAFRICAINE, Lett. past.: *N'ayons pas peur, soyons chrétiens dans notre vote*, Message au peuple centrafricain, p. 894, in: *DC*, n. 2190 (18 oct. 1998), p. 892-894.

CONFERENCE EPISCOPALE CHILIENNE, *Le clergé et l'activité politique, lettre circulaire de l'épiscopat chilien aux Conseils presbytéraux et aux Supérieurs de congrégations religieuses*, in : *DC*, n. 1574 (1970 nov. 15), p. 1047.

CONFERENCE EPISCOPALE CHILIENNE, Décl.: *L'Église et le socialisme*, 1971 avr. 22, in: *DC*, n. 1589 (4 jui. 1971), p. 637.

CONFERENCE EPISCOPALE DU TOGO, *Lettre pastorale, Le Chrétien dans le Togo en pleine mutation*, 17 -2-1990, in : *The African Enchiridion,* vol III (1988(1993), Bologna 2006 n. 783

CONFERENCE EPISCOPALE FRANÇAISE : CONSEIL PERMANENT, Décl. *Pour de nouveaux modes de vie*, 1982 sept. 22, in : *La Documentation Catholique*, n. 1838 (1982 oct. 17), p.938, 937-939.

CONFERENZA EPISCOPALE ITALIANA, CONSIGLIO PERMANENTE, *La Chiesa italiana e le prospettive del paese*, 1981 ott. 23, Roma, in: *Enchiridion della Conferenza Episcopale Italiana, decreti, dichiarazioni, documenti pastorali per la Chiesa italiana*, vol. 3 (1980-1985), n. 753-793.

CONGREGATIO PRO CLERICIS, Décl. *Quidam Episcopi*, de quibusdam associationibus vel coadunationibus quae omnibus clericis prohibentur, 1982 mar. 6, *AAS,* 74 [1982], p. 642-645.

_, *Directorium Dives Ecclesiae pro Presbyterorum ministero et vita,* 1994 mar. 31, in: *EV,* 14 (1994-1995), *bologna 1997,750-917.*

_, Directorium *Diaconatus originem pro ministerio et vita diacononrum permanentium,* 1998 fev. 22, in: *AAS*, 90 (1998) pp. 879-927;

_, CONGREGATIO PRO CLERICIS, Lett. circ.: *Il presbitero, maestro della Parola, ministro dei sacramenti e guida della comunità in vista del terzo millenio*, 1999 mar. 19, in: *EV,* vol. 18 (1999), Bologna, 2002, n. 289-375.

_, Instr. *Il presbitero, pastore e guida della comunità parrocchiale,* 2002 ag. 4, in: *EV*, vol. 21 (2002), Bologna 2005, n. 767-869.

_, *Direttorio per il ministero e la vita dei presbiteri,* 2013 feb11., in: *EV*, 29 (2013), 103-259.

CONGREGAZIONE PER L'EVANGELIZZAZIONE DEI POPOLI, *Guida pastorale per i sacerdoti diocesani delle Chiese dipendenti dalla Congregazione per I Evangelizzazione dei Popoli*, 1989 ott. 1, in: *EV* 11 (1988-1989), n. 2453-2548:

CONGREGATIO CONCILII, *Romana et aliarum dubia*, 1927 mar. 15, in: *AAS,* 19 (1927) p. 138.

CONGREGATIO NEGOTIORUM ECCLESIASTICORUM EXTRAORDINARIORUM, *Responsum,* 1906 apr. 2, in: *ASS* an. 39 (1906), p. 192.

CONGREGATIO PRO DOCTRINA FIDEI, Ins. *Libertatis conscientia*, 1986 mar. 22, in : *AAS*, an. 79 (1987), p. 554-599.

_, Not. dot.: *L'impegno del cristiano e il comportamento dei cattolici nela vita politica,* 2002 nov. 24, de christifidelium rationibus in publicis negotiis gerendi, in: *AAS,* an. 96 (2004), p. 359-370

CONGREGATIO PRO EPISCOPIS, *Admonición canónica,* 2006 dic. 20, Cuidad del Vaticano, desde de la Congregación a Fernando Lugo Méndez, S.V.D. Obispo emérito di San Pedro (Paraguay), in: http://www.zenit.org/article-22217?l=spanish, (20-12-2020).

_, Decr. *Suspensión a divinis de S. E. Fernando Lugo MÉNDEZ S.V.D. Lugo obispo emerito de San Pedro*; 27-02-2007; in: https://web.archive.org/web/20081003222329/http://www.zenit.org/article-22557?l=spanish (07-01-2021).

Decretalium De Gregorii Papae IX compilatio, in: *Corpus Iuris Canonci*, Editio Lipsiensis secunda / post Aemilii Ludouici Richteri / curas ad librorum manu scriptorum et editionis Romanae fidem recognouit et adnotatione critica instruxit Aemilius Friedberg, Pars secunda, *Decretalium collectiones*, B. Tauchnitz, 1922, col.1-936.

Decretum Magistri Gratiani, concordia discordantium canonum, in: *Corpus iuris Canonici,* Editio Lipsiensis secunda, post Aemilii Ludouici Richteri, curas ad librorum manu scriptorum et editionis Romanae fidem recognouit et adnotatione critica instruxit Aemilius Friedberg, Pars prior, *Decretum Magistri Gratianin* B. Tauchnitz, 1922, col. 1-1292.

ETCHEGARAY R. (Card.), *Intervention au congrès mondial sur la pastorale des droits de l'homme*, 1998 jui. 1-4, Rome, in : *DC,* n. 2190 (1998 oct. 18), p. 891-892.

EUSEBIO DE CESARIA, *Historia Ecclesiastica* in: *Patrologiae cursus completus: series prima*, ed. J.-P. MIGNE PL VIII, Pariis 1844, col. 481-482.

Enchiridion Vaticanum: documenti ufficiali della Santa Sede, vol. 1ss, bologna 1966ss

FRANCISCUS PP, Omelia, *il passo*, (concelebrazione eucaristica in Piazza Plebiscita), 2015 mar. 20, in: *Insegnamenti di Francesco*, vol. III; 1 (2015), Libreria editrice vaticana 2020, p. 373-376.

_, Omelia, *Questi nostri*, (Santa Messa con ordinazioni presbiterali), 2015 apr. 16, in: *Insegnamenti di Francesco*, vol. III; 1 (2015), Libreria editrice vaticana 2020, p. 547.

_, M.p.: *Humanam progressionem,* 2016 Aug. 17quibus Dicasterium ad integram humanam progressionem fovendam constituitur, in: *AAS* 108(2016) p.968.

_, Disc. *Ringrazio il Cardinale,* 2019 mar. 4., A un gruppo di giovani leader dell'America latina, in: *OR*, an. 159 (2019), n. 53 (4-5 mars) p. 12

_, Let. Enc. *Fratelli tutti*, 2020 oct. 3, sulla fraternità e l'amicizia, in: *OR*, an. 159, n. 228 (4 ott.), p. 1-17.

Inter Sanctam Sedem et Germanicam Republicam, Solemnis Conventio, 1933 jul. 20, art. 32., in: *AAS,* 25 (1933), p. 389-408.

Inter Sannctam Sedem et Italiam Conventiones, 1984 feb. 18, in: *AAS* 77(1985) 522-53.

IOANNES PP XXIII, Lit. enc. *Mater et Magistra*, 1961 mai. 15, in: *AAS* 53 (1961) 401-464.

_, Encl. *Pacem in terris*, 1963 apr. 11, Romae, apud S. Petrum, de pace omnium gentium in veritate, iustitia, caritate, libertate constituenda, in: *AAS,* an. 55 (1963), p. 257-304.

IOANNES-PAULUS PP II, Disc. *Non ci sono,* al Clero romano, 1978 nov. 9, in: *OR* an 128 (1978), n. 259 (10 nov.), p. 1-2.

_, Ep.: *Novo incipiente,* 1979 apr. 8, ad universos Ecclesiae sacerdotales, adveniente feria V in cena Domini, in: *AAS* 71(1979), p. 394-417.

_, Lit. enc. *Laborem exercens*, 1981 sept. 14, in : *AAS* 73 (1981) 577-647.

_, Lit enc.: *Sollicitudo rei sociali*, 1987 dic 30, in : *AAS* 80 (1988) p. 513-586.

_, Adh. ap. post-syn. : *Christifideles laici,* 1988 dec. 30, de vocatione et missione laicorum in ecclesia et in mundo, in : *AAS,* an. 81 (1989), p. 393-521.

_, Adh. ap. post- syn. : *Pastores dabo vobis,* 1992 mar. 25, Romae, apud S. Petrum, de Sacerdotum formatione in aetatis nostrae rerum conditione, in : *AAS*, an. 84 (1992), p. 657-804.

_, *Cat.: Il discorso*, nell'audienza generale, 1993 lug. 28, in: *OR*, an. 172, (29 luglio 1993), p. 4.

Leges Ecclesiae post Codicem iuris canonici editae, collegit, digessit notisque ornoravit. X. OCHOA, vol. I ss., Romae, 1966ss.

LEO PP. XIII. Ep. Enc. *Cum multa*, ad venerabiles Fratres Archiepiscopos et Episcopos universos in regione Hispana, 1882 déc. 8, in: *ASS*, 15 (1882), pp. 241-246.

_, Ep. Enc.: *Immortale Dei*, 1988 nov. 1, in: *ASS* 18 (1885), p. 166-167.

_, litt. enc.: *Constanti Hungarorum*, 1893 sep. 2, in: *Leonis XIII Pontificis Maximi Acta*, vol. XIII, Vaticano, 1893, pp. 268-280.

Liber sextus decretalium Domini Bonifacii papae VIII, in: *Corpus Iuris Canonci*, Editio Lipsiensis secunda / post Aemilii Ludouici Richteri / curas ad librorum manu scriptorum et editionis Romanae fidem recognouit et adnotatione critica instruxit Aemilius Friedberg, Pars secunda, *Decretalium collectiones*, B. Tauchnitz, 1922, col. 933-1122.

OCHOA X., *Index verborum ac locutioneum codicis iuris canonici*, Roma 1984.

ORGANISATION DES NATIONS UNIES : DEPARTEMENT DE L'INFORMATION, *Déclaration Universelle des Droits de l'Homme,* 1948 déc. 10, DPI/876-40911- nov. 1988.

PAULUS PP VI, All.: *Nous vous remercions*, 1972 ian. 10, Romae, apud S. Petrum, ad excellentissimos Viros et Legatorum coetum apud Sedem Apostolicam, novo inuente anno Beatissimo Patri fausta ac felicia ominantes, in: *AAS,* an. 64 (1972), p. 49-57

Patrologiae cursus completus: series latina, ed. J.-P. MIGNE, 221 vol., Parisiis, 1857-1890.

PIUS PP X, Lit. enc. *Il fermo propósito,* 1905 iun. 11, Romae, apud S. Petrum, de actione catholica, in: *Pii X Pontificis Maximi Acta,* vol. II, Romae 1907, pp. 129-130.

PIUS PP XI, All. *Amplissimum consessum*, (Sacrum Consistrorium), 1924 mar. 24, in: *AAS,* 16 (1924), pp. 121-133.

_, Ep. Ap. *Paterna sane*, 2 feb. 1926, Ad RR. PP. DD. Iosephum Mora Y Del Rio, Archiepiscopum Mexicanum ceterosque Mexicanae Republicae Archiepiscopos et Episcopos: De Iniqua condicione Ecclesiae in Mexico atque De normis ad Catholican actinem ibidem promovendam, in: *AAS,* 18 (1926), p. 175-179.

Pontificale Romano riformato alla norma dei decreti del Concilio ecumenico Vaticano II promulgato da Papa Paolo VI riveduto da Giovanni paolo II, «Ordinazione *del vescovo dei presbiteri e dei diaconi»*, Città del Vaticano 1992.

PONTIFICIA COMMISSIO AD CODICIS CANONES AUTHENTICE INTERPRETANDOS, *Dubia*, 1918 iun. 2-3, in: *AAS* 10 (1918), p. 344.

_, *Dubia circa canonem 139,* 1922 apr. 25, in: *AAS,* 14 (1922) p. 313;

PONTIFICIA COMMISSIO CODICI IURIS CANONICI RECOGNOSCENDO, *Acta commissionis*, in: *Communicationes,* 3 (1971), p. 187-196; 14 (1982) p. 67-103; 15 (1983) 27-34; 16 (1984), p. 158-186 ; 24 (1992), p. 265-292.

_, *Schema Canonum Libri II De Popolo Dei* (Reservatum), Typis polyglottis vaticanis 1972

_, *Schemata canonum Novi Codici Iuris Canonici*, Città del Vationa 1977

_, *Schema Codicis iuris Canonici iuxta animadversions S.R.E. Cardinalium, Episcoporum Conferentiarum, Dicasteriorum Curiae Romanae, Universitatum Facultatumque ecclesiasticarum necnon Superiorum Institutorum vitae consecratae recognitum*, (Patrisbus commissionis reservatum, Città del Vaticano 1980.

_, *Codex iuris Canonici Schema Novissimum : post consultationem S.R.E. Cardinalium, Episcoporum Conferentiarum, Dicasteriorum Curiae Romanae, Universitatum Facultatumque ecclesiasticarum necnon Superiorum Institutorum vitae consecratae recognitum, iuxta placita Patrum Commissionis : deinde emendatum atque Summo Pontifici praesentatum*, Città del Vaticano 1982.

PONTIFICIUM CONCILIUM DE IUSTITIA ET PACE, *Compendium de la doctrine sociale de l'Église*, Città del Vaticano, 2005.

S. THASCII CAECILII CYPRIANI, *Epistola,* in: *Patrologiae cursus completus: series latina*, ed. J.-P. MIGNE, tome 4, Parisiis 1891, 397

SACRA CONGREGATIO CONCILII, *Roma et alliarum Dubia,* 15 mar. 1927, in: *AAS*, 19 (1927), p. 138.

_, *Decretum*, 1957 iui. 16, in: *Leges Ecclesiae post Codicem iuris caninici editae*, collegit, digessit notisque ornoravit X. OCHOA vol. II, Roma, 1969.

_, *Decretum participatio activa rebus politicus in Hungaria sacerdotibus prohibitur*, in: *AAS,* 49 (1957), p. 637.

_, *Excommunicationis declaratio*, 1958 feb. 15, in: *AAS* 50 (1958), p. 116.

SACRA CONGREGATIO DE PROPAGANDA FIDE, Litterae encyclicae, 15 ian. 1622, in: CONGREGATIO DE PROPAGANDA FIDE, *Collectanea Sacrae Congregatio de Propaganda Fide*, vol. I, Romae, 1907, p. 1-2.; Idem, *Instructio,* 1659, in: CONGREGATIO DE PROPAGANDA FIDE, *Collectanea Sacrae*, vol. I, Romae, 1907, pp. 42-43.

_, *Instr.: Ad Vicarios App. Societatis Mission. Ad exteros, 1659; in: Collectanea Sacrae Congregationis de Propaganda Fide seu Decreta instructiones rescripta pro apostolicis missionibus, ex tabulario eiusdem sacrae congregationis deprompta*. Romae, Ex typographia polyglotta, S. C. *de propaganda fide*, 1893.

Sacrorum Conciliorum nova et amplissima collectio, cuius J. D. MANSI et post ipsius mortem Florentinus et Venetianus editors ab anno 1758 ad annum 1798 priores trigintina unum tomos ediderunt, nunc autem continuata et absoluta curantibus L. PETIT. J. B. MARTIN, 53 tom., *Introductio,* Venetiis – Florentiae – Arnhem – Leipzig - Parisiis, 1758-1927.

SECRETARIUS STATUS, *Epistula,* 1922 Oct. 2, ordinariis Italiae, in: *Leges Ecclesiae post Codicen iuris caninici editae*, vol. I, Roma, 1967, col. 499

STUDIUM ROMANAE ROTAE, *Corpus iuris canonici, commento al Codice dei canoni delle Chiese Orientali*, a cura di P. V. PINTO, Città del Vaticano, 2001.

SUENENS L. J., *Les problèmes pratiques du sacerdoce ministériel,* 1971 oct. 11, Textes intégraux d'interventions au Synode sur le sacerdoce ministériel, in : *DC*, n. 1596 (1971), p. 981-999.

SYMPOSIUM DES CONFERENCES EPISCOPALES D'AFRIQUE ET DE MADAGASCAR, *Les évêques d'Afrique parlent 1969-1991. Documents pour le Synode africain,* in : *Les Dossiers de la Documentation Catholique,* Paris, 1992.

SYNODUS EPISCOPORUM « a. 1971 », Doc. *Ultimis Temporibus*, 30 nov. 1971, de sacerdotio ministeriali, in : *AAS,* an 63 (1971), p. 898-922.

Printed by Books on Demand GmbH, Norderstedt / Germany